Choix de poésies

Paul Verlaine

Choix de poésies

Préface de
JACQUES BOREL

Le Grand Livre du Mois

PRÉFACE

> Vous ne savez pas ce que c'est qu'un poète? Verlaine... Rien? Pas de souvenir? Non. Vous ne l'avez pas distingué de ceux que vous connaissiez. Vous ne faites pas de différence, je sais.
>
> RILKE
> Les Cahiers de Malte Laurids Brigge
> (*1910*)

En 1891, l'année même de la mort de Rimbaud, Verlaine publie chez Fasquelle un Choix de poésies, *par lui-même établi, où, par un étonnant instinct critique, il réunit, de la part de son œuvre antérieure à* Amour, *à* Bonheur, *et la seule qu'habite ou que hante cette voix en lui vouée au songe et à ce grelottement natif d'une âme orpheline et de passage, autant dire tous les poèmes, à de rares exceptions près, qui continuent à chanter dans notre mémoire, à notre oreille. Ce* Choix, *que l'on peut bel et bien tenir pour définitif, et où les « amoureux fervents » de la parole poétique « en allée » découvriront, de génération en génération, l'œuvre du Pauvre Lélian – cette chanson grise, « en sourdine », qu'il nous murmure, sa savante boiterie, cette mélodie, de loin, comme à travers un brouillard, qui nous parvient, aérienne ensemble, étouffée et comme au point, parfois, d'expirer, où les objets du monde et l'être même du rêveur, poreux, vacant, dénoué, aux plus hauts moments, et ce sont aussi les plus ténus, presque anonyme, semblent comme flotter aux confins de la rêverie et de l'absence et à peine, dans le même frisson emportés et bus, le même tremblement, s'en distinguer –, ce* Choix *paraît, cela même est un signe, non chez Vanier, depuis quelques années l'éditeur habituel du poète, mais sous la couverture jaune de la Bibliothèque-Charpentier où ont vu le jour tant de grandes œuvres de l'époque, celle, en particulier, de Zola, en 1884* A Rebours *de Huysmans, qui fera beaucoup pour attirer l'attention, non seulement sur Verlaine, alors inconnu, mais sur les autres vraies valeurs de son temps, sur Mallarmé, sur Villiers, sur Corbière. Verlaine, pas davantage, cela vaut qu'on y prenne garde, dès les premiers* Poètes maudits, *en 1883 et 1884, sur Corbière, sur Rimbaud, sur Mallarmé, ne s'était trompé : d'instinct encore, pas plus que, dans une étude de jeunesse, en 1865, il ne s'était trompé, se situant dans son sillage et pareillement soucieux de « modernité », sur Baudelaire; et l'on peut bien rester rêveur – l'incompréhension des « juges attitrés » du temps apparaît, il est vrai, proprement systématique – en songeant que c'est le critique en lui, avec ces premiers* Poètes maudits *justement, au nombre desquels, un peu plus tard, en 1888, attentif à entretenir sa gloire ensemble et sa légende naissantes, on le sait, il se rangera, qui a d'abord été, par quelques-uns du moins, remarqué, si loin qu'il soit d'avoir l'intelligence aiguë de Baudelaire, ou celle encore de Huysmans, dont les antennes alertées ne font pas du créateur de Des Esseintes un moins admirable critique littéraire qu'il n'est le plus sûr, le plus infaillible critique d'art.*

Lorsque, en juin 1891, dans le même moment à peu près que le morne Bonheur *dont le divinatoire florilège personnel ne retiendra que deux pièces, paraît le* Choix de poésies, *auquel, après la mort du poète, servira longtemps de préface, non, on s'en doute, l'admirable* Tombeau *de Mallarmé*

(« Verlaine? Il est caché parmi l'herbe, Verlaine... » et le dernier vers n'en a pas fini non plus, loin ancré dans l'être, d'y résonner : « Un peu profond ruisseau calomnié la mort »), mais le discours prononcé, lors des obsèques, le vendredi 10 janvier 1896, au cimetière des Batignolles, sur la tombe de son ancien camarade du Parnasse, par François Coppée – c'est Coppée alors, avec Leconte de Lisle, et atteignant un plus large public, avec Sully-Prudhomme, bientôt prix Nobel, le poète consacré, le « grand poète » –, la gloire de Verlaine ne cesse, oh, depuis peu, de grandir. Gloire tardive : Sagesse, *en 1881, éveillera moins d'échos encore, si c'est possible, que les recueils précédents. Mallarmé seul, en 1866, comme si, en poésie – témoin, Verlaine lui-même –, mais en littérature aussi bien sans doute, il n'est que de songer aux constants errements des « juges attitrés », il n'était pas de critiques plus avertis, plus sensibles, et c'est bien qu'eux seuls ont l'oreille, cette miraculeuse réceptivité à la singularité d'un chant, d'une voix étrangers à la convention des formes régnantes, et les descellant, que les poètes, si centrés que par ailleurs ils soient sur leurs propres recherches, sur la naissance en eux d'une inflexion et d'un univers irréductibles désormais à tous les autres, Mallarmé seul avait su percevoir dans les* Poèmes saturniens *ce rejet des « favorites usées » héritées ou empruntées, cette création d'un « métal vierge et neuf » où Verlaine en effet a, pour la première fois, modulé cette « sensation rendue » que, bien avant l'apparition de Rimbaud, il l'a dit, il cherchait à traduire, ou à « exprimer ». Et le seul, pareillement, à s'émerveiller de l'enchantement des* Fêtes galantes, *de la hardiesse de leur prosodie, de la coupe « bizarre » et novatrice de tel ou tel de leurs vers, le seul, d'évidence, à Charleville, à avoir lu le troublant et magique recueil, c'est Rimbaud, qui, dans une lettre célèbre, n'hésite pas à situer Verlaine, auprès de Baudelaire – dont la forme, en revanche, lui paraît « mesquine » – parmi les rares « voyants » qu'il consent, depuis que l'action a divorcé du rêve, à reconnaître.*

Tardive, elle-même comme hésitante, la « gloire », et il y a bien, là-dessus aussi, de quoi rêver : malgré le succès, relatif, limité, des premiers Poètes maudits, *réunis en plaquette, en 1884, l'année d'*A Rebours, *par Vanier, c'est à compte d'auteur encore que paraît, à la fin de 1884, chez le même éditeur du quai Saint-Michel, et tiré à cinq cents exemplaires,* Jadis et Naguère, *comme avaient, auparavant – financés par la cousine Élisa, les* Poèmes saturniens – *paru tous les recueils précédents, tous, les admirables* Romances sans paroles *comme les* Fêtes galantes, *comme* Sagesse, *dont il faudra fouiller les caves de Palmé, l'éditeur de la bourgeoisie catholique sur lequel, naïvement, matoisement, Verlaine, en 1881, avait misé, pour en retrouver, lorsque, en 1888, Vanier en rachètera le reste du tirage, empilés, oubliés, les invendus – comme, autre sujet de rêverie, ou de réflexion, avaient paru, toutes ou presque, les œuvres poétiques qui comptent de cette deuxième partie du* XIXe *siècle, en 1869 les* Chants de Maldoror *de Lautréamont, en 1873* Une saison en enfer, les Amours jaunes...

Malentendu sur malentendu. Et comment ne pas songer, une fois de plus, au mot de Rilke, pour qui Verlaine, dans les Cahiers de Malte Laurids Brigge, *est l'image même du poète : « La gloire n'est que la somme des malentendus qui se forment autour d'un nom » ? Si peu théoricien, Verlaine, il n'est pas loin, bien malgré lui, de faire figure, pas pour très longtemps, il est vrai, de chef d'école, avant qu'il ne s'insurge, à la fin de cette même année 1891 précisément, dans sa réponse à la célèbre enquête de Jules Huret, contre le symbolisme – mouvement auquel les doctes de l'Université continuent cependant, aujourd'hui encore, de le rattacher. Tiré de l'ombre, avant le brûlot des* Poètes maudits, *avant le retentissement, scandale et curiosité mêlés, d'*A Rebours, *sans doute son nom avait-il déjà commencé de l'être, pour quelques jeunes poètes de la Rive gauche, pour de rares* happy few, *disons, obscurs eux-mêmes : il avait en effet, en novembre 1882, publié dans la revue* Paris-Moderne, *qui* *s'adressait, on l'imagine, à un tout autre public que la* Revue des Deux Mondes, *que la* Revue bleue *où officiait le « grand critique » Jules Lemaître, la « chose envolée » de son « Art poétique », sa « chanson grise » où c'est la fluidité même de son propre chant, miraculeusement, qui, sans prétendre à aucune leçon, aucune théorie, se donne à entendre, poème composé à la prison de Mons en 1874, dans le même temps que les poèmes de* Sagesse *antérieurs au déferlement de la « grâce » ensemble et de l'alexandrin retrouvé, « Le ciel est, par-dessus le toit »..., la Chanson de Gaspar Hauser, et où le poète n'a pas dit adieu encore à cette voix en lui, dans les* ARIETTES OUBLIÉES, *qui « tremble et s'étonne ». Assez curieusement, cet « Art poétique » tout personnel, chanson elle-même « en allée » (« De la musique avant toute chose »...), suscite l'indignation de Charles Morice, aujourd'hui bien oublié mais qui jouissait alors, comme on dit, de quelque notoriété, et qui, sévèrement, s'en prend au poète. Verlaine répond. Convaincu ou séduit, Charles Morice, il faut le croire, et Verlaine n'aura pas, bientôt, de plus fervent, de plus fidèle admirateur. Ainsi attirée, pour restreint que soit le cercle, l'attention.*

L'année suivante, le malentendu redouble, sans que l'audience du Pauvre Lélian s'étende beaucoup pour autant. C'est le sonnet « Langueur », cette fois, publié dans la revue le Chat noir *le 26 mai 1883 – assez étrangement dédié à Georges Courteline, le poète le reprendra, ainsi que l'« Art poétique », dans* Jadis et Naguère, *recueil fait de pièces et de morceaux où, exhumant des poèmes de jeunesse longtemps laissés au tiroir, il fait, acculé à vivre de sa plume, feu de tout bois – qui en est la cause, ou le prétexte. L'intention parodique de ce sonnet – sur la raillerie verlainienne, dont témoignaient déjà, des années avant, les « VIEUX COPPÉES » écrits de concert avec Rimbaud, il y aurait, aussi, beaucoup à dire – ne peut guère être mise en doute. La critique, le public, limité, assurément, tout d'« avant-garde » qu'ils sont, n'en sont pas moins dupes, et voilà ce poème moqueur,* si peu verlainien, ce pastiche, salué dans l'instant comme l'art poétique, un de plus, du Décadisme. Rusé, Verlaine, nul ne l'est plus peut-être que ce faux naïf, et il n'a garde, biaisant, louvoyant, se prêtant à ce rôle malgré lui qui lui échoit et pour lequel il est si peu fait, qui lui va si mal, de démentir – avant toutefois, cela vaut d'être noté, de repousser, un peu plus tard, cette couronne de « roi des décadents » dont on veut, à toute force, Rachilde en tête, Paterne Berrichon, le futur beau-frère de Rimbaud, le laurer, ou l'affubler.

Les importants, eux, les pontifes, sûrs de leurs valeurs – Anatole France, Paul Bourget : il y a pire – ne bougent pas : il leur en faut d'autres. Et un jeune ami enthousiaste de Verlaine, Jules Tellier, devra intervenir personnellement auprès de son ancien professeur, Jules Lemaître, pour que le critique écouté de la Revue bleue consacre, en janvier 1888 – c'est le moment où Verlaine se brouille avec le groupe des Décadents – un article au vieil « enfant », au « barbare », au « sauvage » ivre, auquel il a la bonne grâce, non sans quelque condescendance, de reconnaître « une musique dans l'âme », le don, « à certains jours », d'entendre « des voix que nul avant lui n'avait entendues », mais dont il n'hésite pas, je n'invente rien, à « traduire » en prose, suspecte à ses yeux d'hermétisme, ou peu s'en faut, la lente, la sinueuse merveille chuchotée de « Crépuscule du soir mystique » du cycle des Poèmes saturniens : PAYSAGES TRISTES, où, presque totalement délivrée déjà du modèle baudelairien, la modulation continue se déroule, tout entière, dans la durée, où, non plus logique ou discursive la cohérence interne du poème, mais musicale à la fois et métaphorique, le mot n'est plus élu en fonction de son sens, mais, de lui dénoué, de sa valeur de son, de note, si bien que, à vingt-deux ans, en pleine possession, ou presque, de ses moyens, de ses sortilèges, ce sont des « romances sans paroles » que, d'entrée, et maître aussitôt de sa propre voix, pour la première fois dans notre poésie, inouïes, écrivait Verlaine; et, cette « traduction » en prose, l'illustre critique pas davantage n'a scrupule à la faire subir, *pour l'édification narquoise et dubitative de ses sages lecteurs, à l'admirable sonnet de* Sagesse *: « L'espoir luit comme un brin de paille dans l'étable »...*

Je ne suis certes pas, d'ordinaire, un fanatique, c'est le moins qu'on puisse dire, de l'histoire littéraire; mais enfin, ça nous paraît si naturel, Nerval, Baudelaire, Rimbaud, Verlaine, si évident, que cette rétrospective historique ne me semble pas, je l'avoue, serait-elle moins édifiante, inutile. Il faudra attendre Proust, après lui les surréalistes, pour que Nerval soit mis, enfin, à sa vraie place. Quand on parle de « gloire », il faut s'entendre : ceux qui, dans les rues du Quartier latin, s'émeuvent à voir passer, brandissant sa canne, le « sauvage » ivre dont ils savent par cœur les vers, ce sont les jeunes gens sensibles avant tout à la littérature vivante de leur temps et qui, bientôt, la feront eux-mêmes; c'est Valéry, c'est Paul Léautaud, qui ne va pas tarder à publier son Anthologie des poètes d'aujourd'hui *et qui, n'osant aborder Verlaine assis à la terrasse du Café Mahieu avec l'une ou l'autre des misérables compagnes de ses dernières années, lui fait porter, le 24 août 1894, un bouquet de violettes que le vieil homme – il n'a pourtant que cinquante ans – porte « à son nez, pour en respirer le parfum, en regardant de tous côtés d'où il pouvait lui venir ». C'est André Gide qui, avec Pierre Louÿs, le 8 janvier 1890, lui rend visite à Broussais, l'un de ces nombreux hôpitaux parisiens où, de séjour en séjour, havre, refuge, pendant des années il traînera. « Reprendre à la musique son bien », cette mission par Mallarmé assignée à la poésie, c'est bien Verlaine qui, le premier l'avait, et dès les premiers recueils, accomplie déjà. Éveillée, elle aussi, l'attention des jeunes musiciens qui ne vont pas tarder à s'arracher à l'emprise de Wagner : Debussy a vingt-six ans quand, en 1888, l'année même où il se rend à Bayreuth entendre* Parsifal, *il met en musique* ARIETTES OUBLIÉES *et ce seront, en 1891 et 1904, les* Fêtes galantes*; Fauré qui, lui, à l'âge de Verlaine, commence en 1891 son cycle de mélodies sur les « paroles » de* la Bonne Chanson.

Les doctes, eux, quand ils ne continuent pas, résolument, à se la boucher, se font, longtemps, tirer l'oreille. Brunetière en tête, il va sans dire, qui, s'il ouvre larges les portes de la Revue des Deux Mondes *au romancier Georges Ohnet, chéri du public, si, méprisant les* Trois contes *de Flaubert, il fait la part belle, dans son* Manuel de l'histoire de la littérature française, *à Octave Feuillet, le « Musset des familles », tient encore Baudelaire, dans ce même* Manuel, *en 1898, pour un « dangereux mystificateur » (*sic, *p. 517); Peut-on hasarder : plus « nuancé », Gustave Lanson, grand maître, autant dire, de l'Université et dont les épigones n'en ont pas fini, un peu partout – ah! les « sources », les « sources »! – de sévir? Sans doute, à ses yeux, dans son* Histoire de la littérature française, *où l'on chercherait en vain le nom de Nerval et qui faisait encore, il y a peu, autorité, chez Baudelaire « la sensibilité est-elle nulle » (*sic, *p. 1043), l'intelligence « médiocre » : du moins, dans une réédition de ce manuel que devaient ingurgiter et régurgiter tant de générations d'écolâtres, Verlaine, expédié en quelques lignes, se voit-il, auprès, en particulier, de Mallarmé, « artiste incomplet, inférieur, qui n'est pas arrivé à s'exprimer » (*id., *p. 1108), de Rimbaud, congédié en une note en bas de page – l'un, tout de même, « des ouvriers de la première heure du symbolisme » : Lanson, on le voit, n'avait pas, du double, du triple génitif, la même viscérale horreur que Flaubert! – traité avec quelque indulgence : « un vrai poète », et même, « plus d'une fois », « naïf et compliqué, très savant et très spontané », le mot est lâché : « un grand poète ». Au prix d'un malentendu encore, est-il besoin de le préciser, ce jugement, et c'est que Verlaine, il faut le croire, était, en apparence, plus aisément « récupérable » que Rimbaud, que Mallarmé : par sa « musique », par sa trompeuse fidélité à une prosodie (mais le mot horrifié de Mallarmé : « On a touché au vers! »?) que nul pourtant, pas même le Rimbaud des dernières chansons, si proches des siennes, qui « fuient et volent », n'aura su, dans notre langue, l'élection de l'impair n'est pas seule en cause,* *ni le mot « son » substitué au mot « signe », mélodieusement disloquer, sans avoir l'air d'y toucher, déhancher, cette impondérable mesure, à peine reconnaissable, emportée au vent, au « brumeux horizon », qui titube et flotte, qui s'y dissout ; c'est que, d'autre part, le suffrage des juges avertis, avec les belles âmes confondus, ira longtemps aux pièces de* Sagesse *que, si tôt retombés l'élan ou l'effusion de la grâce, son balbutiement adorant, son extase, n'empliront plus que la plus creuse rhétorique, coulée dans les formes reconnues, dans le rassurant alexandrin qui à peine, par places, se donne licence encore, et timidement, comme honteusement, de boîter, avant même que la politique la plus benoîtement réactionnaire elle-même ne s'en mêle, le théologique; non plus, Verlaine n'en a jamais été si loin, le symbolique, mais, saintes et châtelaines, « chevalier Malheur », l'allégorique. (Ce pourquoi, on voudrait le croire, les surréalistes, mais non pas, toutefois, Éluard, qui, dans son admirable et justement partiale anthologie :* Le meilleur choix de poèmes est celui que l'on fait pour soi, *n'accorde pas à Verlaine une moindre place qu'à Baudelaire, à Mallarmé, à Lautréamont, à Rimbaud – à Chateaubriand – ont jeté sur la frêle buée à la dérive des* Romances sans paroles *un si cruel, un si injuste anathème; on ne s'explique pas autrement – l'avaient-ils lue? – qu'ils n'aient pas été sensibles, précisément, à la poreuse, à l'« inconsciente » rêverie, entre veille et demi-éveil, qui, dans « Kaléidoscope », dans « Images d'un sou », par Verlaine incompréhensiblement retranchés du* Choix de poésies, *boit le rêveur, aux plus indiscernables confins du songe, l'entraîne, le déporte, comme absent à lui-même le « vaporise ». On se rappelle l'injonction de Breton : « Lisez Rimbaud, ne lisez pas Verlaine »; elle n'a pas, tout m'en assure, été écoutée, et si Verlaine demeure, en France, partout au monde, avec Villon, avec Rimbaud, avec Baudelaire, par les amants les moins récusables de la poésie, l'un des plus lus de nos poètes, rien ne pourra, jamais, me convaincre que ce soit en raison, comme trop longtemps pour les doctes il en est allé, de sa liquide, sa trompeuse, et, si l'on veut, sa chantante « facilité ».) Mais, de Brunetière et Lanson aux surréalistes, il y a loin – la même atterrante méconnaissance, néanmoins – et je m'égare, ou j'anticipe. Ce que, cependant, je voudrais dire encore, c'est que j'ai sous les yeux – eh oui ! – un des recueils de* Morceaux choisis *à l'usage des lycées et collèges qui a, des années durant, accompagné, si j'ose dire, « illustré » par l'exemple, en somme, par les « textes », le manuel de l'illustre docte : si la part du roi y est taillée, je n'invente rien, je le répète, à Victor de Laprade, aux si nobles sentiments – l'« amour de Dieu, de la liberté, de la famille, de la patrie » –, à Eugène Manuel, pour, d'évidence, les mêmes raisons, à Sully Prudhomme, passons sur Leconte de Lisle, si fort que Verlaine, qui, en 1894, lui succédera comme « prince des poètes », après l'avoir courtisé et, par opportunisme littéraire, du temps des juvéniles* Poèmes saturniens, *mi-imité, mi-parodié, l'ait vilipendé, à Coppée, à Heredia, à Rostand, nulle part, dans le coin le plus obscur, il n'est fait place à Nerval, à Baudelaire, mort un demi-siècle auparavant pourtant, à Rimbaud, ne parlons pas de Lautréamont ni de Corbière, à Mallarmé, à Verlaine.*

Cela, je crois, méritait d'être rappelé, et l'on me pardonnera, je l'espère, de m'y être, un peu trop au long peut-être, complu, non pas, mais attardé.

Le génie, ou, si l'on préfère, l'intuition critique de Verlaine, n'en paraît, auprès des errements des doctes, touchant son œuvre personnelle, mais non elle seule, on l'a vu, que plus éclatant. Cette divination est d'autant plus singulière que lorsque, en 1891, sa gloire ne cesse, et jusqu'en Angleterre, en Hollande, en Allemagne bientôt, de s'étendre – au point qu'Anatole France, qui avait, en 1875, avec Coppée, écarté ses vers du troisième volume du Parnasse contemporain *: « L'auteur est indigne, et les vers sont les plus mauvais qu'on ait vus », en fera non pas le héros, mais l'un des principaux comparses, c'est que, hé, hé, le « personnage » est « pittoresque », d'un de ses romans – et qu'il publie ce* Choix de poésies, *la magie de son art, son irréductible nouveauté, depuis beau temps déjà l'ont déserté et qu'il n'est plus que cet homme de lettres, en quête toujours de quelque argent – « des argents! », lit-on de lettre en lettre – qui, jusqu'à la fin, avide de soutirer une « thune » à Vanier, accumulera prose et vers, volume sur volume, hâtivement, dans les revues, dans les journaux, article sur article, « bonnes feuilles » de* Mes hôpitaux, *de* Mes prisons, *où c'est sa légende qu'il s'entend, avec rouerie, à exploiter, pour ne rien dire des chroniques de complaisance prodiguées aux « camarades », et du découvreur des* Poètes maudits, *c'en est bien, dans le même temps, fini aussi. Injuste, prématuré le mot de Corbière disant un jour de Verlaine qu'il « écrit sous lui », c'est à la production de ces dernières années – de minces plaquettes, auprès de cette profusion dérisoire,* Poèmes saturniens, Fêtes galantes, Romances sans paroles – *que, avec une cruelle vérité, il s'applique. Ce mot si dur, est-il certain que Verlaine lui-même, à en juger par ce* Choix, *l'eût, au plus secret, au plus lucide du for intérieur, démenti?*

Sans doute le dernier Verlaine n'a-t-il cessé, après la conversion et l'effort qui lui a succédé pour s'ancrer dans une foi de plus en plus étayée sur le conceptuel, le théologique, après Sagesse *et le retour aux formes usées dont Mallarmé avait salué, dès 1866, l'affranchissement, de se renier, quitte – pas pour lui, décidément, cette carrière de grand poète ou de grand écrivain catholique à quoi, en publiant* Sagesse *chez l'éditeur sulpicien, il avait visé – de palinodie en palinodie à se reprendre, à revenir, si l'on peut dire, sur ses reniements, quitte à s'« absoudre ». Quitte, car c'est bien ainsi qu'il en va dans ces surprenants poèmes de* Parallèlement *dont le* Choix *n'a retenu que «A la manière de Paul Verlaine », mais que le recueil ordonne en tout un cycle significativement intitulé* LUNES, *en se parodiant lui-même, à pardonner à son enfance « revenant fardée et non sans grâce » et à cette parole avec elle, qui, en mineur, sous le masque blafard du clair de lune ou dans la blême buée des* ARIETTES OUBLIÉES, *avait chanté, épousant ce roulis de l'eau dans la « rivière embrumée », ne se distinguant pas, dirait-on, de ces autres incertains reflets qui s'y brouillent et tremblent, et elle-même comme noyée avec ce visage en vain, doutant de se reconnaître, qui s'y mire, penché sur ces « espérances » mortes dans les fonds, et c'est peut-être, dans l'eau, dans le ciel, indiscernables, l' « ombre des arbres », les « hautes feuillées » : où, le monde? tout s'écoule et s'échange, où le rêveur? Et que, dans cette railleuse parodie, il entre, pour cette voix perdue, une part égale de nostalgie, on voudrait le croire. Que, très tôt, Verlaine se soit effaré devant cette part en lui vouée au songe, qu'il ait, dans ce vertige, à la parole envolée pourtant intimement lié, pressenti un péril, la sage aventure de* la Bonne Chanson, *et c'est le même retour déjà aux manèges anciens, comme, dans la vie, le même recours aux conventions, disons, bourgeoises, dont Verlaine, jusqu'au bout, traînera l'obsédant et dérisoire regret, en témoigne assez, bien avant la rencontre de Rimbaud et la tentative de l' « homme aux semelles de vent » d'éveiller la « Vierge folle » à la « plénitude du grand songe », de le rendre à son état de « fils du soleil » : cet effarement, ce recul, on les lira dans « Crimen amoris », dans ces extraordinaires hendécasyllabes, prodige de prosodie, par Valéry admiré, et sans suite dans l'œuvre, réplique verlainienne à* Une saison en enfer *et où la « Vierge folle » – à qui revient, on l'oublie trop souvent, le mot fameux, que Rimbaud ne prend nullement à son compte : « La vraie vie est absente » – dénonce ensemble et exorcise, apeuré, affolé, l'expérience du « plus beau d'entre les mauvais Anges » : reste que l'on ne trahit pas impunément la vérité de la parole poétique et que, de quelque nostalgie que fasse montre, je ne puis en douter, la palinodique parodie d' «A la manière de Paul Verlaine » (du dernier Poème saturnien, de la dernière Fête galante), c'est bien, inconsolable ou non, inconsolée, comme un adieu aussi, à soi-même, à ces souterraines assises menacées, dans l'être déporté et à demi étranger à soi, d'où naît le chant, qu'il faut l'entendre.*

Quand bien même le poète ne se fût pas « résigné » à publier, parallèlement, *à la suite de* Bonheur, *recueils non tant religieux que, le cas est plus grave, bien pensants, et recueils érotiques,* Chansons pour Elle, Odes en son honneur, *j'en passe, où l'érotisme même, laborieux, prosaïque, échoue à célébrer la fête des corps ou, dans le demi-jour des branches, lui-même oublié, leurs tendres mouvements, leur « exquise mort » – c'est que, ruiné tout de bon, en 1886, sa mère morte, il lui en faut, « des argents », par ses rapaces amies aussitôt croqués –, on ne saurait cependant en croire Verlaine lorsque, de reniement en reniement ballotté, de palinodie en palinodie, il se dit « bien résolu » à « laisser pour toujours de côté [s]es livres de jeunesse, dont les* Poèmes saturniens *sont le tout premier ». D'autant plus que, cette roublarde affirmation, par le* Choix de poésies *fort heureusement démentie, c'est dans le projet de préface, en 1890, à la réédition, chez Vanier, des* Poèmes saturniens *justement, que Verlaine la prononce. De la nouveauté, à cette date éloignée déjà, 1866 dans les années suivantes, de son art – renié, « pardonné » – le poète a bel et bien la plus exacte, la plus lucide conscience. (Ainsi, par la même intuition critique guidé, veillera-t-il, dans le* Choix, *à pratiquement ne rien garder – ironique, CÉSAR BORGIA – des lourdes machines parnassiennes qui encombraient le mince recueil, décalques appliqués, pastiches ou parodies délibérés de Leconte de Lisle, dont Huysmans n'avait pas, dans* A Rebours, *été dupe et par l'auteur même, dans cette Préface, non sans quelque sarcasme volontiers dénoncés. Avisé, décidément, exercé, en Verlaine, le critique : toutes les pièces de* Romances sans paroles *où se fait jour un impressionnisme symbolisant et, selon le vœu de Rimbaud, presque impersonnel, sont bien là, mais non les poèmes « inspirés » par Mathilde et qu'infléchit un retour aux jeux anciens qui bientôt étoufferont, corsèteront tout à fait la « chanson grise » : « Birds in the night », « Child Wife ». De* Sagesse, *de même, comme s'il était averti à l'obscur du fléchissement en lui de la grâce ou de l'extase mystique, si brève, et de son effusion ou de son balbutiement ailés, le poète, avec une sûre rigueur, écartera presque toutes les « machines », au mètre trop évident de l'alexandrin scandées, et où le discours achève sur l'envol murmuré du chant de l'emporter. Exercé, malin aussi, et c'est la numérotation des pièces, dans le* Choix *de 1891, que Verlaine changera, ou décalera, comme si – intégralement donnés les* PAYSAGES TRISTES *des* Poèmes saturniens *comme les* ARIETTES OUBLIÉES, *les* PAYSAGES BELGES *– le lecteur avait affaire à des suites où nul chaînon ne manquât, et dans* Parallèlement, *je l'ai dit, rien n'indique que c'est le cycle parodique tout entier,* LUNES, *qui a disparu, la grâce « fardée » de « A la manière de Paul Verlaine » seule retenue.)*

Conscient, Jules Lemaître se trompait, et nul artiste moins « ingénu », moins « primitif » que Verlaine; et qu'il ait, lui aussi, sous une forme, à l'oreille de Rimbaud, moins « mesquine » que celle de Baudelaire, créé un « frisson nouveau », mais ce frisson est, précisément, cette forme même, le poète est le premier à le savoir qui, dans ce texte tardif et peu connu, non utilisé, en fin de compte, comme préface, peut écrire, avec la modestie et l'orgueil également vrais des « créateurs », des novateurs, comme s'il prenait à parti, ou à témoin : « Les PAYSAGES TRISTES *ne sont-ils pas en quelque sorte l'œuf de toute une volée de vers chanteurs, vagues ensemble et définis, dont je suis peut-être le premier en date oiselier? »*

Juge conscient, Verlaine ne l'est pas, il importe de le souligner, de son art seul, avec quelque pénétration critique, une fois encore, qu'il en parle, insistant, dans ce même projet de préface toujours, sur « l'un peu déjà libre versification, enjambements et rejets dépendant plus généralement des deux césures avoisinantes, fréquentes allitérations, quelque chose comme de l'assonance souvent dans le corps du vers, rimes plutôt rares que riches, le mot propre évité des fois à dessein ou presque. En même temps, la pensée triste et voulue telle ou crue voulue telle »... Mais quoi, c'est bien comme si, de la part la plus vertigineuse de son chant, le poète, au moment de la congédier, n'avait jamais eu de sentiment plus aigu, plus alerté, et quand il ajoute : « J'ai réservé pour les occasions harmoniques ou mélodiques ou analogues, ou pour telles ratiocinations compliquées des rythmes inusités, impairs pour la plupart, où la fantaisie fût mieux à l'aise, n'osant employer le mètre sacro-saint qu'aux limpides spéculations, qu'aux énonciations, qu'à l'exposition rationnelle des objets », comment ne pas croire que, sans aller jusqu'au bout, Verlaine ne soit aussi, des poèmes les plus conceptuels de Sagesse, *de* Bonheur, *de leurs séquelles et de ce retour au discours dans lequel désormais il se fige, le juge le plus averti, en secret, peut-être, le plus sévère?*

Conscient, si le Pauvre Lélian n'a pas cessé de l'être de son art, de ce bouleversement prosodique, dans sa hardiesse à peine perceptible, dont il est en effet « le premier en date oiselier » et auquel, avant qu'il ne soit « touché au vers », nul n'atteindra, ou seulement ne se risquera, sinon Rimbaud – menée, non de concert sans doute, mais « lui étant là », l'expérience des Romances sans paroles, *et ce qu'il convient, ici, de rappeler, tant les rôles ont été, trop souvent, injustement inversés, c'est que l'initiateur, l'aîné admiré, le « voyant », c'est bien Verlaine, non l'adolescent de Charleville, la « petite crasse », et que cette parole dénouée, dans* FÊTES DE LA PATIENCE, *qui « fuit et vole », l'origine, ou le modèle, en est également à chercher non dans les « refrains niais », chez Favart ou chez Marceline Desbordes-Valmore, mais chez l'« oiselier » rêveur, dans le tourbillon des* Fêtes galantes, *avant même les* ARIETTES OUBLIÉES, *délivrée déjà, un souffle, un vol dans l'air –, on n'a pas assez remarqué, me semble-t-il, et il est vrai que sa correspondance, mi-ordurière, mi-potachique, tient, d'un bout à l'autre, de la dérobade, ou de la fuite, qu'il ne s'y tait pas moins d'ordinaire sur l'habitant de sa propre profondeur que sur la singularité de son expérience poétique, l'étonnante attention portée par Verlaine à la source même du chant en lui, à ces deux pôles, sensation et rêverie, et à leur intime fusion, qui sont le lieu même, dans l'instant, lui aussi comme démarré du monde, de sa parole –, et comment dès lors ne s'en fût-il pas détourné sans, le premier, en être averti? (C'est, là encore, renvoyer au juge si sûr qui a présidé, tenant pour rien reniements et palinodies successifs ou simultanés, au* Choix de poésies.*)*

Nul livre plus retors, plus roublard, d'une plus désarmante mauvaise foi, et qui mérite plus mal son titre, on n'a jamais été si loin de Rousseau, de la cruelle acuité de Baudelaire, que ces Confessions *de 1895, qui sont le dernier livre du poète – ou de cet homme de lettres tirant à la ligne qu'il est, depuis des années, en proie au malentendu de la gloire, et la monnayant, devenu. Sauvé, pourtant, si ce livre peut l'être, cet ultime adieu, truqué, tricheur, devant la mise à nu de l'aveu sans cesse par une pirouette se dérobant, c'est par ce soudain et, oui, si rare qu'il soit chez Verlaine, ce lucide affleurement d'un être voué dès l'enfance, il le dit, il le sent, à la rêverie et au vertige, au sommeil et à l'absence, à la tentation de la fuite, de l'imaginaire et de la mort, lentement investi par ces sourdes puissances qui ne lui « kaléidoscopent » d'abord, semble-t-il, que les apparences du monde, mais dont il redoutera un jour – dans la vie et dans l'art, avec le même retour, chaque fois, à des formes sages, des formes fixes, à une tradition, c'est à se raccrocher à un stable port, ici « Le foyer, la lueur étroite de la lampe... / L'heure du thé fumant et des livres fermés », là le dogme relayant bientôt l'élan de la foi, que tendent, désespérément, on peut le croire, les « aventures », l'une après l'autre tôt avortées, de* la Bonne Chanson, *des pièces les plus tardives de* Sagesse, *si proches déjà du morne catéchisme récité de* Bonheur, *de* Liturgies intimes *– qu'elles ne l'entraînent et ne le dissolvent lui-même sur ces confins mortels où, dans le « Colloque sentimental », expirent les amants fantomatiques des* Fêtes galantes, *œuvre, cela vaut qu'on y prenne garde, située d'entrée sous le plus « triste » des clairs de lune, où, dès le poème liminaire,* les jets d'eau « sanglotent », où « masques et bergamasques » n'ont « pas l'air de croire à leur bonheur », c'est « sur le mode mineur qu'ils chantent », le « vieux faune de terre cuite » déjà présage « une suite mauvaise » à ces « mélancoliques pèlerins » qui, comme dès le début ils « tremblent et s'étonnent », « tournoient et fuient », et, jeté bas lui-même l'Amour, c'est bien « un avenir solitaire et fatal » qu'il évoquait seul à un « rêve » en secret impuissant, sur son « chagrin profond », à se leurrer.

Là du moins, dans ces souvenirs de la toute première enfance qui ne peuvent guère être mis en doute, et l'on sent avec quelle tendre ou lasse nostalgie le poète les revoit ensemble et les revit, sur la source profonde d'une vocation poétique dès l'abord reconnue, acceptée, puis tournée, évincée, reniée dans l'affolement grandissant d'un être comme chassé de soi par des monstres dont il a jamais su ou osé reconnaître le visage, par la puissance d'une rêverie qui des formes du monde ni des assises de l'âme ne laisse rien intact et dont le rêveur est le lieu anonyme, vacant et lui-même comme « de passage », plutôt qu'il ne la dirige ou ne l'oriente, ne l'escorte, Verlaine, par cette pente en lui, tout nous l'assure, très vite effaré, et elle est bien celle, menaçante, vertigineuse, de son génie, dans ces quelques passages des *Confessions* qui, toute proche, la mort, jettent aussi un jour sur une obsédante, une organique imaginerie, ne nous trompe ni ne se trompe.

De l'enfant « charmé de voir » ses cils rapprochés lui « kaléidoscoper les choses » ou de surprendre « les bruits indistincts du demi-sommeil », livré à un « sommeil aux mille rêves qui se continuent dans mille réveils en sursaut » ou poursuivant dans la fièvre des « idées », les images « volatiles » qui « tourbillonnent en s'entrelaçant et se désenlaçant sans cesse »; croyant « se rappeler » qu'il a « déjà vécu » le moment où il est et à la fois certain et incertain de le vivre, au poète de « Kaléidoscope » ou de « Vendanges » (*Jadis et Naguère*), la continuité est évidente, et peut-être *l'intention de Verlaine de la souligner. Jamais, en tout cas, ce qui fait l'étrange singularité de la rêverie verlainienne, lui confère ce caractère anonyme, en fait le lieu de la plus profonde* absence, *et il ne reste plus, « l'âme enfuie », que le changeant et fugace égouttement, sur un lointain écran, des « choses qui chantent dans la tête / Alors que la mémoire est absente », n'a été plus lucidement discerné. Si bien que, tout outrecuidant qu'il est, j'en ai bien conscience, de se substituer au poète, et quelques raisons que celui-ci ait pu avoir de ne pas faire place, dans le* Choix de poésies *de 1891, à une de ses merveilles les moins récusables, indulgent comme il s'y est montré pour tel ou tel de ses poèmes de jeunesse, « le Pitre », par exemple, tout proche encore de Mérat et datant de 1869, rassemblé, avec d'autres « vers jeunes », dans* Jadis et Naguère, *je ne puis résister à la tentation de citer, dédié à Germain Nouveau et écrit à Bruxelles en octobre 1873, contemporain, par conséquent, des pointes les plus neuves, les plus hardies de* Romances sans paroles, *cet admirable « Kaléidoscope », où c'est à la naissance même, dirait-on, de la rêverie verlainienne que l'on croit assister, à la sensation amortie toujours intimement liée, à son mystère, à sa magie, à son « brouillage », tant d'autres ne l'auraient-ils pas avant moi exalté :*

Dans une rue, au cœur d'une ville de rêve,
Ce sera comme quand on a déjà vécu :
Un instant à la fois très vague et très aigu...
Ô ce soleil parmi la brume qui se lève!

Ô ce cri sur la mer, cette voix dans les bois!
Ce sera comme quand on ignore des causes :
Un lent réveil après bien des métempsychoses :
Les choses seront plus les mêmes qu'autrefois

Dans cette rue, au cœur de la ville magique
Où des orgues moudront des gigues dans les soirs,
Où les cafés auront des chats sur les dressoirs,
Et que traverseront des bandes de musique.

Ce sera si fatal qu'on en croira mourir :
Des larmes ruisselant douces le long des joues,
Des rires sanglotés dans le fracas des roues,
Des invocations à la mort de venir,

Des mots anciens comme un bouquet de fleurs fanées!
Les bruits aigres des bals publics arriveront,
Et des veuves avec du cuivre après leur front,
Paysannes, fendront la foule des traînées

Qui flânent là, causant avec d'affreux moutards
Et des vieux sans sourcils que la dartre enfarine,
Cependant qu'à deux pas, dans des senteurs d'urine,
Quelque fête publique enverra des pétards.

Ce sera comme quand on rêve et qu'on s'éveille!
Et que l'on se rendort et que l'on rêve encor
De la même féerie et du même décor,
L'été, dans l'herbe, au bruit moiré d'un vol d'abeille.

Pas trace ici de ce littoral sentimental qui, très tôt, garde-fou ou non, et au prix, chaque fois, dans l'ordre de l'art, d'un recul, envahit la poésie verlainienne, comme il en va dans les pièces les plus convenues de la Bonne Chanson, *plus tard* d'Amour. *Comme captée à sa source, la rêverie, et avec elle cette sorte de dépaysement natif où l'être, de sensation en sensation entraîné, et comme si nul lien entre elles parfois, dans leur « kaléidoscopage », n'était perçu, s'effare soudain de se retrouver plus qu'à demi étranger à lui-même – ou bien il n'est plus en lui en effet et, son ennui, c'est dans « l'interminable ennui de la plaine », impersonnellement qu'il se projette, et il n'est plus lui-même que cette « neige incertaine » là-bas qui « luit comme du sable »; ailleurs, c'est le « chant de la pluie » qui seul, et comme à sa place, dit sa « peine ». Sans doute, s'il date bien du même moment, le rythme de « Kaléidoscope », si rompu qu'y soit l'alexandrin, est-il fort différent de celui, vierge et neuf, des* Romances sans paroles, *des* PAYSAGES BELGES *en particulier : dépayse-*

ment, dépersonnalisation, c'est bien, d'étage en étage, le même secret essentiel qui s'y découvre et s'y enclôt, au bord même de ce sursaut et de cet effarement qui font douter si c'est bien Charleroi qu'on aperçoit – et le on, *le* c'est, *le* quoi, *le* il y a *un instant y supplantent un* je *aux confins de sa propre dépossession comme vacillant – tandis que « Dans l'herbe noire / Les Kobolds vont », que « Le vent profond/ Pleure, on veut croire », toute proche de l'effroi, l'interrogation inattendue et sans réponse, également provoquée peut-être par ce refus d'ordonner et d'organiser la sensation, mouvement tout voisin de celui, dans le même moment, des peintres impressionnistes, mais naissant chez Verlaine d'une nappe autrement intime, autrement profonde, et à quoi l'âme orpheline en lui ne se tiendra pas : « On sent donc quoi? »*

Parfums sinistres!
Qu'est-ce que c'est?
Quoi bruissait
Comme des sistres?

Pareillement, dans ces mêmes premiers chapitres des Confessions *de 1895, sur tout le reste, sur tous les événements vécus, ou sur leur écume, si fuyantes, le lecteur est appelé à surprendre ce regard, dès les premiers jours, attentif au balancement d'« une longue voile noire à travers les fins rideaux ramagés de la fenêtre », « sans cesse en chasse de formes, de couleurs, d'ombres », fasciné par le jour et cherchant dans la nuit il ne sait quoi, « du blanc, du gris, des nuances peut-être », ou encore qui, du souvenir d'une procession de pénitents entrevus dans la petite enfance à Montpellier, amorce le passage à ces « fantômes laiteux » qui n'en finiront plus, émanations du blême, du lunaire ou du brumeux, du brouillé, de défiler à l'horizon de l'œuvre : dans ce regard entre les cils déjà comme en secret à demi brouillé lui-même, Verlaine, selon le mot de Claudel « fils de l'ardoise et de la pluie », nous invite, on ne saurait s'y méprendre, à reconnaître ce regard même qui, des* PAYSAGES TRISTES *des* Poèmes saturniens *aux plus dénouées des* Romances sans paroles, *assiste à la dissolution des objets du monde dans une buée où l'âme à son tour se désagrège et se perd. Cette « forêt noyée », ces végétations hantées ou fantastiques, on les chercherait en vain sous les eaux de la Scarpe ou « l'échelonnement des haies » dans le moutonnement de la campagne anglaise du côté de Stickney ou de Bournemouth; mais quoi, démarrés dans l'instant de tout lieu au monde, en avaient-ils jamais eu d'autre que le poème, que, délestée de toute référence, cette parole elle-même « en allée ». Hantée, la voix de Verlaine, hantée et critique ensemble. Il n'est, pour s'en convaincre, et sans même se référer à ces poèmes, «Art poétique» ou, plus secrètement, « Kaléidoscope », où le poème est à lui-même, mise en œuvre et ne s'en distinguant pas, sa propre critique, qu'à s'abandonner, une fois de plus, à la lecture de ce miraculeux* Choix de poésies, *à sa « chanson grise » – « grise », pour Goethe, c'est la « théorie » qui l'était –, à son murmure.*

Jacques Borel.

POÈMES SATURNIENS

A EUGÈNE CARRIÈRE

Les Sages d'autrefois, qui valaient bien ceux-ci,
Crurent, et c'est un point encor mal éclairci,
Lire au ciel les bonheurs ainsi que les désastres,
Et que chaque âme était liée à l'un des astres.
(On a beaucoup raillé, sans penser que souvent
Le rire est ridicule autant que décevant,
Cette explication du mystère nocturne.)
Or ceux-là qui sont nés sous le signe SATURNE,
Fauve planète, chère aux nécromanciens,
Ont entre tous, d'après les grimoires anciens,
Bonne part de malheur et bonne part de bile.
L'Imagination, inquiète et débile,
Vient rendre nul en eux l'effort de la Raison.
Dans leurs veines, le sang, subtil comme un poison,

Brûlant comme une lave, et rare, coule et roule
En grésillant leur triste Idéal qui s'écroule.
Tels les Saturniens doivent souffrir et tels
Mourir, — en admettant que nous soyons mortels, —
Leur plan de vie étant dessiné ligne à ligne
Par la logique d'une Influence maligne.

P. V.

Melancholia

I

NEVERMORE

Souvenir, souvenir, que me veux-tu? L'automne
Faisait voler la grive à travers l'air atone,
Et le soleil dardait un rayon monotone
Sur le bois jaunissant où la bise détone.

Nous étions seul à seule et marchions en rêvant,
Elle et moi, les cheveux et la pensée au vent.
Soudain, tournant vers moi son regard émouvant :
« Quel fut ton plus beau jour? » fit sa voix d'or vivant,

Sa voix douce et sonore, au frais timbre angélique.
Un sourire discret lui donna la réplique,
Et je baisai sa main blanche, dévotement.

— Ah! les premières fleurs, qu'elles sont parfumées!
Et qu'il bruit avec un murmure charmant
Le premier « oui » qui sort de lèvres bien-aimées.

II

APRÈS TROIS ANS

Ayant poussé la porte étroite qui chancelle,
Je me suis promené dans le petit jardin
Qu'éclairait doucement le soleil du matin,
Pailletant chaque fleur d'une humide étincelle.

Rien n'a changé. J'ai tout revu : l'humble tonnelle
De vigne folle avec les chaises de rotin...
Le jet d'eau fait toujours son murmure argentin
Et le vieux tremble sa plainte sempiternelle.

Les roses comme avant palpitent, comme avant
Les grands lis orgueilleux se balancent au vent.
Chaque alouette qui va et vient m'est connue.

Même j'ai retrouvé debout la Velléda
Dont le plâtre s'écaille au bout de l'avenue,
— Grêle, parmi l'odeur fade du réséda.

III

VŒU

Ah! les oaristys! les premières maîtresses!
L'or des cheveux, l'azur des yeux, la fleur des chairs,
Et puis, parmi l'odeur des corps jeunes et chers,
La spontanéité craintive des caresses!

Sont-elles assez loin toutes ces allégresses
Et toutes ces candeurs! Hélas! toutes devers
Le printemps des regrets ont fui les noirs hivers
De mes ennuis, de mes dégoûts, de mes détresses!

Si que me voilà seul à présent, morne et seul,
Morne et désespéré, plus glacé qu'un aïeul,
Et tel qu'un orphelin pauvre sans sœur aînée.

O la femme à l'amour câlin et réchauffant,
Douce, pensive et brune, et jamais étonnée,
Et qui parfois vous baise au front, comme un enfant!

IV

LASSITUDE

A batallas de amor campo de pluma.
(GONGORA.)

De la douceur, de la douceur, de la douceur!
Calme un peu ces transports fébriles, ma charmante.
Même au fort du déduit parfois, vois-tu, l'amante
Doit avoir l'abandon paisible de la sœur.

Sois langoureuse, fais ta caresse endormante,
Bien égaux tes soupirs et ton regard berceur.
Va, l'étreinte jalouse, et le spasme obsesseur
Ne valent pas un long baiser, même qui mente!

Mais dans ton cher cœur d'or, me dis-tu, mon enfant,
La fauve passion va sonnant l'olifant!...
Laisse-la trompetter à son aise, la gueuse!

Mets ton front sur mon front et ta main dans ma main,
Et fais-moi des serments que tu rompras demain,
Et pleurons jusqu'au jour, ô petite fougueuse!

V

MON RÊVE FAMILIER

Je fais souvent ce rêve étrange et pénétrant
D'une femme inconnue, et que j'aime, et qui m'aime,
Et qui n'est, chaque fois, ni tout à la fait la même
Ni tout à fait une autre, et m'aime et me comprend.

Car elle me comprend, et mon cœur, transparent
Pour elle seule, hélas! cesse d'être un problème
Pour elle seule, et les moiteurs de mon front blême,
Elle seule les sait rafraîchir, en pleurant.

Est-elle brune, blonde ou rousse? — Je l'ignore.
Son nom? Je me souviens qu'il est doux et sonore
Comme ceux des aimés que la Vie exila.

Son regard est pareil au regard des statues,
Et pour sa voix, lointaine, et calme, et grave, elle a
L'inflexion des voix chères qui se sont tues.

VI

A UNE FEMME

A vous ces vers de par la grâce consolante
De vos grands yeux où rit et pleure un rêve doux,
De par votre âme pure et toute bonne, à vous
Ces vers du fond de ma détresse violente.

C'est qu'hélas! le hideux cauchemar qui me hante
N'a pas de trêve et va furieux, fou, jaloux,
Se multipliant comme un cortège de loups
Et se pendant après mon sort qu'il ensanglante!

Oh! je souffre, je souffre affreusement, si bien
Que le gémissement premier du premier homme
Chassé d'Éden n'est qu'une églogue au prix du mien!

Et les soucis que vous pouvez avoir sont comme
Des hirondelles sur un ciel d'après-midi,
— Chère, — par un beau jour de septembre attiédi.

Eaux-fortes

A François Coppée.

I

EFFET DE NUIT

La nuit. La pluie. Un ciel blafard que déchiquette
De flèches et de tours à jour la silhouette
D'une ville gothique éteinte au lointain gris.
La plaine. Un gibet plein de pendus rabougris,
Secoués par le bec avide des corneilles
Et dansant dans l'air noir des gigues non pareilles,
Tandis que leurs pieds sont la pâture des loups.
Quelques buissons d'épine épars, et quelques houx
Dressant l'horreur de leur feuillage à droite, à gauche,
Sur le fuligineux fouillis d'un fond d'ébauche.
Et puis, autour de trois livides prisonniers
Qui vont pieds nus, deux cent vingt-cinq pertuisaniers
En marche, et leurs fers droits, comme des fers de
Luisent à contre-sens des lances de l'averse. [herse,

II

GROTESQUES

Leurs jambes pour toutes montures,
Pour tous biens l'or de leurs regards
Par le chemin des aventures
Ils vont haillonneux et hagards.

Le sage, indigné, les harangue;
Le sot plaint ces fous hasardeux;
Les enfants leur tirent la langue
Et les filles se moquent d'eux.

C'est qu'odieux et ridicules,
Et maléfiques en effet,
Ils ont l'air, sur les crépuscules,
D'un mauvais rêve que l'on fait;

C'est que, sur leurs aigres guitares
Crispant la main des libertés,
Ils nasillent des chants bizarres,
Nostalgiques et révoltés;

C'est enfin que dans leurs prunelles
Rit et pleure — fastidieux —
L'amour des choses éternelles,
Des vieux morts et des anciens dieux!

— Donc, allez, vagabonds sans trêves,
Errez, funestes et maudits,
Le long des gouffres et des grèves.
Sous l'œil fermé des paradis!

La nature à l'homme s'allie
Pour châtier comme il le faut
L'orgueilleuse mélancolie
Qui vous fait marcher le front haut,

Et, vengeant sur vous le blasphème
Des vastes espoirs véhéments,
Meurtrit votre front anathème
Au choc rude des éléments.

Les juins brûlent et les décembres
Gèlent votre chair jusqu'aux os,
Et la fièvre envahit vos membres,
Qui se déchirent aux roseaux.

Tout vous repousse et tout vous navre,
Et quand la mort viendra pour vous,
Maigre et froide, votre cadavre
Sera dédaigné par les loups!

Paysages tristes

A Catulle Mendès.

I

SOLEILS COUCHANTS

Une aube affaiblie
Verse par les champs
La mélancolie
Des soleils couchants.
La mélancolie
Berce de doux chants
Mon cœur qui s'oublie
Aux soleils couchants.
Et d'étranges rêves,
Comme des soleils
Couchants sur les grèves
Fantômes vermeils,
Défilent sans trêves,
Défilent, pareils
A des grands soleils
Couchants sur les grèves.

II

CRÉPUSCULE DU SOIR MYSTIQUE

Le Souvenir avec le Crépuscule
Rougeoie et tremble à l'ardent horizon
De l'Espérance en flamme qui recule
Et s'agrandit ainsi qu'une cloison
Mystérieuse où mainte floraison
— Dahlia, lys, tulipe et renoncule —
S'élance autour d'un treillis, et circule
Parmi la maladive exhalaison
De parfums lourds et chauds, dont le poison
— Dahlia, lys, tulipe et renoncule —
Noyant mes sens, mon âme et ma raison,
Mêle dans une immense pâmoison
Le Souvenir avec le Crépuscule.

III

PROMENADE SENTIMENTALE

Le couchant dardait ses rayons suprêmes
Et le vent berçait les nénuphars blêmes ;
Les grands nénuphars entre les roseaux
Tristement luisaient sur les calmes eaux.
Moi j'errais tout seul, promenant ma plaie
Au long de l'étang, parmi la saulaie
Où la brume vague évoquait un grand
Fantôme laiteux se désespérant,
Et pleurant avec la voix des sarcelles
Qui se rappelaient en battant des ailes
Parmi la saulaie où j'errais tout seul
Promenant ma plaie ; et l'épais linceul
Des ténèbres vint noyer les suprêmes
Rayons du couchant dans ses ondes blêmes
Et des nénuphars, parmi les roseaux,
Des grands nénuphars sur les calmes eaux.

IV

NUIT DU WALPURGIS CLASSIQUE

C'est plutôt le sabbat du second Faust que l'autre.
Un rythmique sabbat, rythmique, extrêmement
Rythmique. — Imaginez un jardin de Lenôtre,
Correct, ridicule et charmant.

Des ronds-points ; au milieu, des jets d'eau ; des allées
Toutes droites ; sylvains de marbre ; dieux marins
De bronze ; çà et là, des Vénus étalées ;
Des quinconces, des boulingrins ;

Des châtaigniers ; des plants de fleurs formant la dune
Ici, des rosiers nains qu'un goût docte affila ;
Plus loin, des ifs taillés en triangle. La lune
D'un soir d'été sur tout cela.

Minuit sonne, et réveille au fond du parc aulique
Un air mélancolique, un sourd, lent et doux air
De chasse : tel, doux, lent, sourd et mélancolique,
L'air de chasse de Tannhäuser.

Des chants voilés de cors lointains où la tendresse
Des sens étreint l'effroi de l'âme en des accords
Harmonieusement dissonants dans l'ivresse;
Et voici qu'à l'appel des cors

S'entrelacent soudain des formes toutes blanches,
Diaphanes, et que le clair de lune fait
Opalines parmi l'ombre verte des branches,
— Un Watteau rêvé par Raffet! —

S'entrelacent parmi l'ombre verte des arbres
D'un geste alangui, plein d'un désespoir profond
Puis, autour des massifs, des bronzes et des marbres,
Très lentement dansent en rond.

— Ces spectres agités, sont-ce donc la pensée
Du poète ivre, ou son regret, ou son remords,
Ces spectres agités en tourbe cadencée,
Ou bien tout simplement des morts ?

Sont-ce donc ton remords, ô rêvasseur qu'invite
L'horreur, ou ton regret, ou ta pensée, — hein ? —
Ces spectres qu'un vertige irrésistible agite, [tous
Ou bien des morts qui seraient fous ? —

N'importe! ils vont toujours, les fébriles fantômes,
Menant leur ronde vaste et morne et tressautant
Comme dans un rayon de soleil des atomes,
Et s'évaporent à l'instant

Humide et blême où l'aube éteint l'un après l'autre
Les cors, en sorte qu'il ne reste absolument
Plus rien — absolument — qu'un jardin de Lenôtre
Correct, ridicule et charmant.

V

CHANSON D'AUTOMNE

Les sanglots longs
Des violons
De l'automne
Blessent mon cœur
D'une langueur
Monotone.

Tout suffoquant
Et blême, quand
Sonne l'heure,
Je me souviens
Des jours anciens
Et je pleure.

Et je m'en vais
Au vent mauvais
Qui m'emporte
Deçà, delà,
Pareil à la
Feuille morte.

VI

L'HEURE DU BERGER

La lune est rouge au brumeux horizon;
Dans un brouillard qui danse, la prairie
S'endort fumeuse, et la grenouille crie
Par les joncs verts où circule un frisson;

Les fleurs des eaux referment leurs corolles;
Des peupliers profilent aux lointains,
Droits et serrés, leurs spectres incertains;
Vers les buissons errent les lucioles;

Les chats-huants s'éveillent, et sans bruit
Rament l'air noir avec leurs ailes lourdes,
Et le zénith s'emplit de lueurs sourdes.
Blanche, Vénus émerge, et c'est la Nuit.

VII

LE ROSSIGNOL

Comme un vol criard d'oiseaux en émoi,
Tous mes souvenirs s'abattent sur moi,
S'abattent parmi le feuillage jaune
De mon cœur mirant son tronc plié d'aune
Au tain violet de l'eau des Regrets
Qui mélancoliquement coule auprès,
S'abattent, et puis la rumeur mauvaise
Qu'une brise moite en montant apaise,
S'éteint par degrés dans l'arbre, si bien
Qu'au bout d'un instant on n'entend plus rien,
Plus rien que la voix célébrant l'Absente,
Plus rien que la voix — ô si languissante! —
De l'oiseau que fut mon Premier Amour,
Et qui chante encor comme au premier jour;
Et dans la splendeur triste d'une lune
Se levant blafarde et solennelle, une

Nuit mélancolique et lourde d'été,
Pleine de silence et d'obscurité,
Berce sur l'azur qu'un vent doux effleure
L'arbre qui frissonne et l'oiseau qui pleure.

Caprices

A Henry Winter.

I

FEMME ET CHATTE

Elle jouait avec sa chatte,
Et c'était merveille de voir
La main blanche et la blanche patte
S'ébattre dans l'ombre du soir.

Elle cachait — la scélérate! —
Sous ses mitaines de fil noir
Ses meurtriers ongles d'agate,
Coupants et clairs comme un rasoir.

L'autre aussi faisait la sucrée
Et rentrait sa griffe acérée,
Mais le diable n'y perdait rien...

Et dans le boudoir où, sonore,
Tintait son rire aérien,
Brillaient quatre points de phosphore.

II

LA CHANSON DES INGÉNUES

Nous sommes les Ingénues
Aux bandeaux plats, à l'œil bleu,
Qui vivons, presque inconnues,
Dans les romans qu'on lit peu.

Nous allons entrelacées,
Et le jour n'est pas plus pur
Que le fond de nos pensées,
Et nos rêves sont d'azur;

Et nous courons par les prées,
Et rions et babillons
Des aubes jusqu'aux vesprées
Et chassons aux papillons;

Et des chapeaux de bergères
Défendent notre fraîcheur,
Et nos robes — si légères —
Sont d'une extrême blancheur;

Les Richelieux, les Caussades,
Et les chevaliers Faublas
Nous prodiguent les œillades,
Les saluts et les « hélas! »

Mais en vain, et leurs mimiques
Se viennent casser le nez
Devant les plis ironiques
De nos jupons détournés;

Et notre candeur se raille
Des imaginations
De ces raseurs de muraille,
Bien que parfois nous sentions

Battre nos cœurs sous nos mantes
A des pensers clandestins,
En nous sachant les amantes
Futures des libertins.

III

UN DAHLIA

Courtisane au sein dur, à l'œil opaque et brun
S'ouvrant avec lenteur comme celui d'un bœuf,
Ton grand torse reluit ainsi qu'un marbre neuf.

Fleur grasse et riche, autour de toi ne flotte aucun
Arôme, et la beauté sereine de ton corps
Déroule, mate, ses impeccables accords.

Tu ne sens même pas la chair, ce goût qu'au moins
Exhalent celles-là qui vont fanant les foins,
Et tu trônes, Idole insensible à l'encens.

— Ainsi, le Dahlia, roi vêtu de splendeur,
Élève sans orgueil sa tête sans odeur,
Irritant au milieu des jasmins agaçants!

IV

IL BACIO

Baiser! rose trémière au jardin des caresses!
Vif accompagnement sur le clavier des dents
Des doux refrains qu'Amour chante en les cœurs [ardents
Avec sa voix d'archange aux langueurs charmeresses!

Sonore et gracieux Baiser, divin Baiser!
Volupté non pareille, ivresse inénarrable!
Salut! L'homme, penché sur ta coupe adorable,
S'y grise d'un bonheur qu'il ne sait épuiser.

Comme le vin du Rhin et comme la musique,
Tu consoles et tu berces, et le chagrin
Expire avec la moue en ton pli purpurin... [classique.
Qu'un plus grand, Gœthe ou Will, te dresse un vers

Moi, je ne puis, chétif trouvère de Paris,
T'offrir que ce bouquet de strophes enfantines :
Sois bénin et, pour prix, sur les lèvres mutines
D'Une que je connais, Baiser, descends, et ris.

Çavitri

ÇAVITRI

Maha-baratte.

Pour sauver son époux, Çavitri fit le vœu
De se tenir trois jours entiers, trois nuits entières,
Debout, sans remuer jambes, buste ou paupières :
Rigide, ainsi que dit Vyaça, comme un pieu.

Ni, Çurya, tes rais cruels, ni la langueur
Que Tchandra vient épandre à minuit sur les cimes
Ne firent défaillir, dans leurs efforts sublimes,
La pensée et la chair de la femme au grand cœur.

— Que nous cerne l'Oubli, noir et morne assassin,
Ou que l'Envie aux traits amers nous ait pour cibles,
Ainsi que Çavitri faisons-nous impassibles,
Mais, comme elle, dans l'âme ayons un haut dessein.

Sérénade

SÉRÉNADE

Comme la voix d'un mort qui chanterait
Du fond de sa fosse,
Maîtresse, entends monter vers ton retrait
Ma voix aigre et fausse.

Ouvre ton âme et ton oreille au son
De ma mandoline :
Pour toi j'ai fait, pour toi, cette chanson
Cruelle et câline.

Je chanterai tes yeux d'or et d'onyx,
Purs de toutes ombres,
Puis le Léthé de ton sein, puis le Styx
De tes cheveux sombres.

Comme la voix d'un mort qui chanterait
Du fond de sa fosse,
Maîtresse, entends monter vers ton retrait
Ma voix aigre et fausse.

Puis je louerai beaucoup, comme il convient,
    Cette chair bénie
Dont le parfum opulent me revient
    Les nuits d'insomnie.

Et pour finir, je dirai le baiser
    De ta lèvre rouge,
Et ta douceur à me martyriser,
    — Mon ange! — ma Gouge!

Ouvre ton âme et ton oreille au son
    De ma mandoline :
Pour toi j'ai fait, pour toi, cette chanson
    Cruelle et câline.

Nocturne parisien

A Edmond Lepelletier.

NOCTURNE PARISIEN

Roule, roule ton flot indolent, morne Seine. —
Sous tes ponts qu'environne une vapeur malsaine
Bien des corps ont passé, morts, horribles, pourris,
Dont les âmes avaient pour meurtrier Paris.
Mais tu n'en traînes pas, en tes ondes glacées,
Autant que ton aspect m'inspire de pensées!

Le Tibre a sur ses bords des ruines qui font
Monter le voyageur vers un passé profond,
Et qui, de lierre noir et de lichen couvertes,
Apparaissent, tas gris, parmi les herbes vertes.
Le gai Guadalquivir rit aux blonds orangers
Et reflète, les soirs, des boléros légers.
Le Pactole a son or, le Bosphore a sa rive
Où vient faire son kief l'odalisque lascive.
Le Rhin est un burgrave, et c'est un troubadour
Que le Lignon, et c'est un ruffian que l'Adour.
Le Nil, au bruit plaintif de ses eaux endormies,
Berce de rêves doux le sommeil des momies.

Le grand Meschascébé, fier de ses joncs sacrés,
Charrie augustement ses îlots mordorés,
Et soudain, beau d'éclairs, de fracas et de fastes,
Splendidement s'écroule en Niagaras vastes.
L'Eurotas, où l'essaim des cygnes familiers
Mêle sa grâce blanche au vert mat des lauriers,
Sous son ciel clair que raie un vol de gypaète,
Rythmique et caressant, chante ainsi qu'un poète.
Enfin, Ganga, parmi les hauts palmiers tremblants
Et les rouges padmas, marche à pas fiers et lents
En appareil royal, tandis qu'au loin la foule
Le long des temples va hurlant, vivante houle,
Au claquement massif des cymbales de bois,
Et qu'accroupi, filant ses notes de hautbois,
Du saut de l'antilope agile attendant l'heure,
Le tigre jaune au dos rayé s'étire et pleure.

— Toi, Seine, tu n'as rien. Deux quais et voilà tout,
Deux quais crasseux, semés de l'un à l'autre bout
D'affreux bouquins moisis et d'une foule insigne
Qui fait dans l'eau des ronds et qui pêche à la ligne.
Oui, mais quand vient le soir, raréfiant enfin
Les passants alourdis de sommeil ou de faim,
Et que le couchant met au ciel des taches rouges,
Qu'il fait bon aux rêveurs descendre de leurs bouges
Et, s'accoudant au pont de la Cité, devant
Notre-Dame, songer, cœur et cheveux au vent!
Les nuages, chassés par la brise nocturne,

Courent, cuivreux et roux, dans l'azur taciturne.
Sur la tête d'un roi du portail, le soleil,
Au moment de mourir, pose un baiser vermeil.
L'hirondelle s'enfuit à l'approche de l'ombre,
Et l'on voit voleter la chauve-souris sombre.
Tout bruit s'apaise autour. A peine un vague son
Dit que la ville est là qui chante sa chanson,
Qui lèche ses tyrans et qui mord ses victimes;
Et c'est l'aube des vols, des amours et des crimes.

— Puis, tout à coup, ainsi qu'un ténor effaré
Lançant dans l'air bruni son cri désespéré,
Son cri qui se lamente et se prolonge, et crie,
Éclate en quelque coin l'orgue de Barbarie :
Il brame un de ces airs, romances ou polkas,
Qu'enfants nous tapotions sur nos harmonicas
Et qui font, lents ou vifs, réjouissants ou tristes,
Vibrer l'âme aux proscrits, aux femmes, aux artistes.
C'est écorché, c'est faux, c'est horrible, c'est dur,
Et donnerait la fièvre à Rossini, pour sûr;
Ces rires sont traînés, ces plaintes sont hachées;
Sur une clef de sol impossible juchées,
Les notes ont un rhume et les *do* sont des *la,*
Mais qu'importe! l'on pleure en entendant cela!
Mais l'esprit, transporté dans le pays des rêves,
Sent à ces vieux accords couler en lui des sèves,
La pitié monte au cœur et les larmes aux yeux,
Et l'on voudrait pouvoir goûter la paix des cieux,

Et dans une harmonie étrange et fantastique
Qui tient de la musique et tient de la plastique,
L'âme, les inondant de lumière et de chant,
Mêle les sons de l'orgue aux rayons du couchant!

— Et puis, l'orgue s'éloigne, et puis c'est le silence,
Et la nuit terne arrive, et Vénus se balance
Sur une molle nue au fond des cieux obscurs;
On allume les becs de gaz le long des murs,
Et l'astre et les flambeaux font des zigzags fantasques
Dans le fleuve plus noir que le velours des masques;
Et le contemplateur sur le haut garde-fou,
Par l'air et par les ans rouillé comme un vieux sou
Se penche, en proie aux vents néfastes de l'abîme.
Pensée, espoir serein, ambition sublime,
Tout jusqu'au souvenir, tout s'envole, tout fuit,
Et l'on est seul avec Paris, l'Onde et la Nuit!

— Sinistre trinité! De l'ombre dures portes :
Mané-Thécel-Pharès des illusions mortes!
Vous êtes toutes trois, ô Goules de malheur,
Si terribles que l'Homme, ivre de la douleur
Que lui font en perçant sa chair vos doigts de spectre,
L'Homme, espèce d'Oreste à qui manque une Électre,
Sous la fatalité de votre regard creux
Ne peut rien et va droit au précipice affreux;
Et vous êtes aussi toutes trois si jalouses

De tuer et d'offrir au grand Ver des épouses
Qu'on ne sait que choisir entre vos trois horreurs,
Et si l'on craindrait moins périr par les terreurs
Des Ténèbres que sous l'Eau sourde, l'Eau profonde,
Ou dans tes bras fardés, Paris, reine du monde!

— Et tu coules toujours, Seine, et, tout en rampant,
Tu traînes dans Paris ton cours de vieux serpent,
De vieux serpent boueux, emportant vers tes havres
Tes cargaisons de bois, de houille et de cadavres!

César Borgia

CÉSAR BORGIA

Sur fond sombre noyant un riche vestibule
Où le buste d'Horace et celui de Tibulle
Lointains et de profil rêvent en marbre blanc,
La main gauche au poignard et la main droite au flanc
Tandis qu'un rire doux redresse la moustache,
Le duc CÉSAR en grand costume se détache.
Les yeux noirs, les cheveux noirs et le velours noir
Vont contrastant, parmi l'or somptueux d'un soir,
Avec la pâleur mate et belle du visage
Vu de trois quarts et très ombré, suivant l'usage
Des Espagnols ainsi que des Vénitiens
Dans les portraits de rois et de patriciens.
Le nez palpite, fin et droit. La bouche, rouge,
Est mince, et l'on dirait que la tenture bouge
Au souffle véhément qui doit s'en exhaler.
Et le regard errant avec laisser-aller
Devant lui, comme il sied aux anciennes peintures,
Fourmille de pensers énormes d'aventures.

Et le front, large et pur, sillonné d'un grand pli,
Sans doute de projets formidables rempli,
Médite sous la toque où frissonne une plume
Élancée hors d'un nœud de rubis qui s'allume.

FÊTES GALANTES

A Félicien Champsaur.

CLAIR DE LUNE

Votre âme est un paysage choisi
Que vont charmant masques et bergamasques
Jouant du luth et dansant et quasi
Tristes sous leurs déguisements fantasques.

Tout en chantant sur le mode mineur
L'amour vainqueur et la vie opportune,
Ils n'ont pas l'air de croire à leur bonheur
Et leur chanson se mêle au clair de lune,

Au calme clair de lune triste et beau,
Qui fait rêver les oiseaux dans les arbres
Et sangloter d'extase les jets d'eau,
Les grands jets d'eau sveltes parmi les marbres.

PANTOMIME

Pierrot qui n'a rien d'un Clitandre
Vide un flacon sans plus attendre,
Et, pratique, entame un pâté.

Cassandre, au fond de l'avenue,
Verse une larme méconnue
Sur son neveu déshérité.

Ce faquin d'Arlequin combine
L'enlèvement de Colombine
Et pirouette quatre fois.

Colombine rêve, surprise
De sentir un cœur dans la brise
Et d'entendre en son cœur des voix.

SUR L'HERBE

L'abbé divague. — Et toi, marquis,
Tu mets de travers ta perruque.
— Ce vieux vin de Chypre est exquis
Moins, Camargo, que votre nuque.

— Ma flamme... — *Do, mi, sol, la, si.*
— L'abbé, ta noirceur se dévoile.
— Que je meure, Mesdames, si
Je ne vous décroche une étoile.

— Je voudrais être petit chien!
— Embrassons nos bergères, l'une
Après l'autre. — Messieurs! eh bien?
— *Do, mi, sol.* — Hé! bonsoir, la Lune!

L'ALLÉE

Fardée et peinte comme au temps des bergeries,
Frêle parmi les nœuds énormes de rubans,
Elle passe, sous les ramures assombries,
Dans l'allée où verdit la mousse des vieux bancs,
Avec mille façons et mille afféteries
Qu'on garde d'ordinaire aux perruches chéries.
Sa longue robe à queue est bleue, et l'éventail
Qu'elle froisse en ses doigts fluets aux larges bagues
S'égaie en des sujets érotiques, si vagues
Qu'elle sourit, tout en rêvant, à maint détail.
— Blonde, en somme. Le nez mignon avec la bouche
Incarnadine, grasse et divine d'orgueil
Inconscient. — D'ailleurs, plus fine que la mouche
Qui ravive l'éclat un peu niais de l'œil.

A LA PROMENADE

Le ciel si pâle et les arbres si grêles
Semblent sourire à nos costumes clairs
Qui vont flottant légers, avec des airs
De nonchalance et des mouvements d'ailes.

Et le vent doux ride l'humble bassin,
Et la lueur du soleil qu'atténue
L'ombre des bas tillleuls de l'avenue
Nous parvient bleue et mourante à dessein.

Trompeurs exquis et coquettes charmantes,
Cœurs tendres, mais affranchis du serment,
Nous devisons délicieusement,
Et les amants lutinent les amantes,

De qui la main imperceptible sait
Parfois donner un soufflet, qu'on échange
Contre un baiser sur l'extrême phalange
Du petit doigt, et comme la chose est

Immensément excessive et farouche,
On est puni par un regard très sec,
Lequel contraste, au demeurant, avec
La moue assez clémente de la bouche.

LES INGÉNUS

Les hauts talons luttaient avec les longues jupes,
En sorte que, selon le terrain et le vent,
Parfois luisaient des bas de jambe, trop souvent
Interceptés! — et nous aimions ce jeu de dupes.

Parfois aussi le dard d'un insecte jaloux
Inquiétait le col des belles sous les branches,
Et c'étaient des éclairs soudains de nuques blanches,
Et ce régal comblait nos jeunes yeux de fous.

Le soir tombait, un soir équivoque d'automne :
Les belles, se pendant rêveuses à nos bras,
Dirent alors des mots si spécieux, tout bas,
Que notre âme depuis ce temps, tremble et s'étonne.

CORTÈGE

Un singe en veste de brocart
Trotte et gambade devant elle
Qui froisse un mouchoir de dentelle
Dans sa main gantée avec art,

Tandis qu'un négrillon tout rouge
Maintient à tour de bras les pans
De sa lourde robe en suspens,
Attentif à tout pli qui bouge;

Le singe ne perd pas des yeux
La gorge blanche de la dame,
Opulent trésor que réclame
Le torse nu de l'un des dieux;

Le négrillon parfois soulève
Plus haut qu'il ne faut, l'aigrefin,
Son fardeau somptueux, afin
De voir ce dont la nuit il rêve;

Elle va par les escaliers,
Et ne paraît pas davantage
Sensible à l'insolent suffrage
De ses animaux familiers.

LES COQUILLAGES

Chaque coquillage incrusté
Dans la grotte où nous nous aimâmes
A sa particularité.

L'un a la pourpre de nos âmes
Dérobée au sang de nos cœurs
Quand je brûle et quand tu t'enflammes;

Cet autre affecte tes langueurs
Et tes pâleurs alors que, lasse,
Tu m'en veux de mes yeux moqueurs;

Celui-ci contrefait la grâce
De ton oreille, et celui-là
Ta nuque rose, courte et grasse;

Mais un, entre autres, me troubla.

FANTOCHES

Scaramouche et Pulcinella
Qu'un mauvais dessein rassembla
Gesticulent, noirs sur la lune.

Cependant l'excellent docteur
Bolonais cueille avec lenteur
Des simples parmi l'herbe brune.

Lors sa fille, piquant minois,
Sous la charmille, en tapinois,
Se glisse demi-nue, en quête

De son beau pirate espagnol
Dont un langoureux rossignol
Clame la détresse à tue-tête.

CYTHÈRE

Un pavillon à claires-voies
Abrite doucement nos joies
Qu'éventent des rosiers amis;

L'odeur des roses, faible, grâce
Au vent léger d'été qui passe,
Se mêle aux parfums qu'elle a mis;

Comme ses yeux l'avaient promis
Son courage est grand et sa lèvre
Communique une exquise fièvre;

Et, l'Amour comblant tout, hormis
La faim, sorbets et confitures
Nous préservent des courbatures.

EN BATEAU

L'étoile du berger tremblote
Dans l'eau plus noire, et le pilote
Cherche un briquet dans sa culotte.

C'est l'instant, Messieurs, ou jamais,
D'être audacieux, et je mets
Mes deux mains partout désormais!

Le chevalier Atys, qui gratte
Sa guitare, à Chloris l'ingrate
Lance une œillade scélérate.

L'abbé confesse bas Églé,
Et ce vicomte déréglé
Des champs donne à son cœur la clé.

Cependant la lune se lève
Et l'esquif en sa course brève
File gaîment sur l'eau qui rêve.

LE FAUNE

Un vieux faune de terre cuite
Rit au centre des boulingrins,
Présageant sans doute une suite
Mauvaise à ces instants sereins

Qui m'ont conduit et t'ont conduite,
Mélancoliques pèlerins,
Jusqu'à cette heure dont la fuite
Tournoie au son des tambourins.

MANDOLINE

Les donneurs de sérénades
Et les belles écouteuses
Échangent des propos fades
Sous les ramures chanteuses.

C'est Tircis et c'est Aminte,
Et c'est l'éternel Clitandre,
Et c'est Damis qui pour mainte
Cruelle fait maint vers tendre.

Leurs courtes vestes de soie,
Leurs longues robes à queues,
Leur élégance, leur joie
Et leurs molles ombres bleues

Tourbillonnent dans l'extase
D'une lune rose et grise,
Et la mandoline jase
Parmi les frissons de brise.

A CLYMÈNE

Mystiques barcarolles,
Romances sans paroles,
Chère, puisque tes yeux,
    Couleur des cieux,

Puisque ta voix, étrange
Vision qui dérange
Et trouble l'horizon
    De ma raison,

Puisque l'arôme insigne
De ta pâleur de cygne,
Et puisque la candeur
    De ton odeur,

Ah! puisque tout ton être,
Musique qui pénètre,
Nimbes d'anges défunts,
Tons et parfums,

A, sur d'almes cadences,
En ses correspondances
Induit mon cœur subtil,
Ainsi soit-il!

LETTRE

Éloigné de vos yeux, Madame, par des soins
Impérieux (j'en prends tous les dieux à témoins),
Je languis et me meurs, comme c'est ma coutume
En pareil cas, et vais, le cœur plein d'amertume,
A travers des soucis où votre ombre me suit,
Le jour dans mes pensers, dans mes rêves la nuit,
Et la nuit et le jour, adorable Madame!
Si bien qu'enfin, mon corps faisant place à mon âme,
Je deviendrai fantôme à mon tour aussi, moi,
Et qu'alors, et parmi le lamentable émoi
Des enlacements vains et des désirs sans nombre,
Mon ombre se fondra à jamais en votre ombre.

En attendant, je suis, très chère, ton valet.

Tout se comporte-t-il là-bas comme il te plaît,
Ta perruche, ton chat, ton chien ? La compagnie
Est-elle toujours belle, et cette Silvanie
Dont j'eusse aimé l'œil noir si le tien n'était bleu,
Et qui parfois me fit des signes, palsambleu!
Te sert-elle toujours de douce confidente ?

Or, Madame, un projet impatient me hante
De conquérir le monde et tous ses trésors pour
Mettre à vos pieds ce gage — indigne — d'un amour
Égal à toutes les flammes les plus célèbres
Qui des grands cœurs aient fait resplendir les ténèbres.
Cléopâtre fut moins aimée, oui, sur ma foi!
Par Marc-Antoine et par César que vous par moi,
N'en doutez pas, Madame, et je saurai combattre
Comme César pour un sourire, ô Cléopâtre,
Et comme Antoine fuir au seul prix d'un baiser.

Sur ce, très chère, adieu. Car voilà trop causer.
Et le temps que l'on perd à lire une missive
N'aura jamais valu la peine qu'on l'écrive.

LES INDOLENTS

Bah! malgré les destins jaloux,
Mourons ensemble, voulez-vous?
— La proposition est rare.

— Le rare est le bon. Donc mourons
Comme dans les Décamérons.
— Hi! hi! hi! quel amant bizarre!

— Bizarre, je ne sais. Amant
Irréprochable, assurément.
Si vous voulez, mourons ensemble?

— Monsieur, vous raillez mieux encor
Que vous m'aimez, et parlez d'or;
Mais taisons-nous, si bon vous semble? —

Si bien que ce soir-là Tircis
Et Dorimène, à deux assis
Non loin de deux silvains hilares,

Eurent l'inexpiable tort
D'ajourner une exquise mort.
Hi! hi! hi! les amants bizarres!

COLOMBINE

Léandre le sot,
Pierrot qui d'un saut
    De puce
Franchit le buisson,
Cassandre sous son
    Capuce,

Arlequin aussi,
Cet aigrefin si
    Fantasque
Aux costumes fous,
Ses yeux luisants sous
    Son masque,

— Do, mi, sol, mi, fa, —
Tout ce monde va,
Rit, chante
Et danse devant
Une belle enfant
Méchante

Dont les yeux pervers
Comme les yeux verts
Des chattes
Gardent ses appas
Et disent : « A bas
Les pattes! »

— Eux, ils vont toujours! —
Fatidique cours
Des astres,
Oh! dis-moi vers quels
Mornes ou cruels
Désastres,

L'implacable enfant,
Preste et relevant
Ses jupes,
La rose au chapeau,
Conduit son troupeau
De dupes.

L'AMOUR PAR TERRE

Le vent de l'autre nuit a jeté bas l'Amour
Qui, dans le coin le plus mystérieux du parc,
Souriait en bandant malignement son arc,
Et dont l'aspect nous fit tant songer tout un jour!

Le vent de l'autre nuit l'a jeté bas! Le marbre
Au souffle du matin tournoie, épars. C'est triste
De voir le piédestal, où le nom de l'artiste
Se lit péniblement parmi l'ombre d'un arbre,

Oh! c'est triste de voir debout le piédestal
Tout seul! et des pensers mélancoliques vont
Et viennent dans mon rêve où le chagrin profond
Évoque un avenir solitaire et fatal.

Oh! c'est triste — Et toi-même, est-ce pas? es touchée
D'un si dolent tableau, bien que ton œil frivole
S'amuse au papillon de pourpre et d'or qui vole
Au-dessus des débris dont l'allée est jonchée.

EN SOURDINE

Calmes dans le demi-jour
Que les branches hautes font,
Pénétrons bien notre amour
De ce silence profond.

Fondons nos âmes, nos cœurs
Et nos sens extasiés,
Parmi les vagues langueurs
Des pins et des arbousiers.

Ferme tes yeux à demi,
Croise tes bras sur ton sein,
Et de ton cœur endormi
Chasse à jamais tout dessein.

Laissons-nous persuader
Au souffle berceur et doux,
Qui vient à tes pieds rider
Les ondes de gazon roux.

Et quand, solennel, le soir
Des chênes noirs tombera,
Voix de notre désespoir,
Le rossignol chantera.

COLLOQUE SENTIMENTAL

Dans le vieux parc solitaire et glacé,
Deux formes ont tout à l'heure passé.

Leurs yeux sont morts et leurs lèvres sont molles,
Et l'on entend à peine leurs paroles.

Dans le vieux parc solitaire et glacé,
Deux spectres ont évoqué le passé.

— Te souvient-il de notre extase ancienne ?
— Pourquoi voulez-vous donc qu'il m'en souvienne ?

— Ton cœur bat-il toujours à mon seul nom ?
Toujours vois-tu mon âme en rêve ? — Non.

— Ah! les beaux jours de bonheur indicible
Où nous joignions nos bouches! — C'est possible.

— Qu'il était bleu, le ciel, et grand, l'espoir!
— L'espoir a fui, vaincu, vers le ciel noir.

Tels ils marchaient dans les avoines folles,
Et la nuit seule entendit leurs paroles.

LA BONNE CHANSON

I

Puisque l'aube grandit, puisque voici l'aurore,
Puisque, après m'avoir fui longtemps, l'espoir veut [bien
Revoler devers moi qui l'appelle et l'implore,
Puisque tout ce bonheur veut bien être le mien,

C'en est fait à présent des funestes pensées,
C'en est fait des mauvais rêves, ah! c'en est fait
Surtout de l'ironie et des lèvres pincées
Et des mots où l'esprit sans l'âme triomphait.

Arrière aussi les poings crispés et la colère
A propos des méchants et des sots rencontrés;
Arrière la rancune abominable! arrière
L'oubli qu'on cherche en des breuvages exécrés!

Car je veux, maintenant qu'un Être de lumière
A dans ma nuit profonde émis cette clarté
D'une amour à la fois immortelle et première,
De par la grâce, le sourire et la bonté,

Je veux, guidé par vous, beaux yeux aux flammes [douces,
Par toi conduit, ô main où tremblera ma main,
Marcher droit, que ce soit par des sentiers de mousses
Ou que rocs et cailloux encombrent le chemin;

Oui, je veux marcher droit et calme dans la Vie,
Vers le but où le sort dirigera mes pas,
Sans violence, sans remords et sans envie :
Ce sera le devoir heureux aux gais combats.

Et comme, pour bercer les lenteurs de la route,
Je chanterai des airs ingénus, je me dis
Qu'elle m'écoutera sans déplaisir sans doute;
Et vraiment je ne veux pas d'autre Paradis.

II

Avant que tu ne t'en ailles,
Pâle étoile du matin,
    — Mille cailles
Chantent, chantent dans le thym. —

Tourne devers le poète,
Dont les yeux sont pleins d'amour;
    — L'alouette
Monte au ciel avec le jour. —

Tourne ton regard que noie
L'aurore dans son azur;
    — Quelle joie
Parmi les champs de blé mûr! —

Puis fais luire ma pensée
Là-bas, — bien loin, oh, bien loin!
— La rosée
Gaîment brille sur le foin. —

Dans le doux rêve où s'agite
Ma mie endormie encor...
— Vite, vite,
Car voici le soleil d'or. —

III

La lune blanche
Luit dans les bois;
De chaque branche
Part une voix
Sous la ramée...

O bien-aimée.

L'étang reflète,
Profond miroir,
La silhouette
Du saule noir
Où le vent pleure...

Rêvons : c'est l'heure.

Un vaste et tendre
Apaisement
Semble descendre
Du firmament
Que l'astre irise...

C'est l'heure exquise.

IV

Le paysage dans le cadre des portières
Court furieusement, et des plaines entières
Avec de l'eau, des blés, des arbres et du ciel
Vont s'engouffrant parmi le tourbillon cruel
Où tombent les poteaux minces du télégraphe
Dont les fils ont l'allure étrange d'un paraphe.

Une odeur de charbon qui brûle et d'eau qui bout,
Tout le bruit que feraient mille chaînes au bout
Desquelles hurleraient mille géants qu'on fouette;
Et tout à coup des cris prolongés de chouette. —

— Que me fait tout cela, puisque j'ai dans les yeux
La blanche vision qui fait mon cœur joyeux,
Puisque la douce voix pour moi murmure encore,
Puisque le Nom si beau, si noble et si sonore
Se mêle, pur pivot de tout ce tournoiement
Au rythme du wagon brutal, suavement?

V

Le foyer, la lueur étroite de la lampe;
La rêverie avec le doigt contre la tempe
Et les yeux se perdant parmi les yeux aimés;
L'heure du thé fumant et des livres fermés;
La douceur de sentir la fin de la soirée;
La fatigue charmante et l'attente adorée
De l'ombre nuptiale et de la douce nuit,
Oh! tout cela, mon rêve attendri le poursuit
Sans relâche, à travers toutes remises vaines,
Impatient des mois, furieux des semaines!

VI

N'est-ce pas ? en dépit des sots et des méchants
Qui ne manqueront pas d'envier notre joie,
Nous serons fiers parfois et toujours indulgents.

N'est-ce pas ? nous irons, gais et lents, dans la voie
Modeste que nous montre en souriant l'Espoir,
Peu soucieux qu'on nous ignore ou qu'on nous voie.

Isolés dans l'amour ainsi qu'en un bois noir,
Nos deux cœurs, exhalant leur tendresse paisible,
Seront deux rossignols qui chantent dans le soir.

Quant au Monde, qu'il soit envers nous irascible
Ou doux, que nous feront ses gestes ? Il peut bien
S'il veut, nous caresser ou nous prendre pour cible.

Unis par le plus fort et le plus cher lien,
Et d'ailleurs possédant l'armure adamantine,
Nous sourirons à tous et n'aurons peur de rien.

Sans nous préoccuper de ce que nous destine
Le Sort, nous marcherons pourtant du même pas,
Et la main dans la main, avec l'âme enfantine

De ceux qui s'aiment sans mélange, n'est-ce pas ?

VII

Donc, ce sera par un clair jour d'été :
Le grand soleil, complice de ma joie,
Fera, parmi le satin et la soie,
Plus belle encor votre chère beauté;

Le ciel tout bleu, comme une haute tente,
Frissonnera somptueux à longs plis
Sur nos deux fronts heureux qu'auront pâlis
L'émotion du bonheur et l'attente;

Et quand le soir viendra, l'air sera doux
Qui se jouera, caressant, dans vos voiles,
Et les regards paisibles des étoiles
Bienveillamment souriront aux époux.

ROMANCES SANS PAROLES

Ariettes oubliées

I

> Le vent dans la plaine,
> Suspend son haleine.
>
> (FAVART.)

C'est l'extase langoureuse,
C'est la fatigue amoureuse,
C'est tous les frissons des bois
Parmi l'étreinte des brises,
C'est, vers les ramures grises,
Le chœur des petites voix.

O le frêle et frais murmure!
Cela gazouille et susurre,
Cela ressemble au cri doux
Que l'herbe agitée expire...
Tu dirais, sous l'eau qui vire,
Le roulis sourd des cailloux.

Cette âme qui se lamente
En cette plainte dormante,
C'est la nôtre, n'est-ce pas?
La mienne, dis, et la tienne,
Dont s'exhale l'humble antienne
Par ce tiède soir, tout bas?

II

Je devine, à travers un murmure,
Le contour subtil des voix anciennes
Et dans les lueurs musiciennes
Amour pâle, une aurore future?

Et mon âme et mon cœur en délires
Ne sont plus qu'une espèce d'œil double
Où tremblote, à travers un jour trouble,
L'ariette, hélas! de toutes lyres!

O mourir de cette mort seulette
Que s'en vont, cher amour qui t'épeures,
Balançant jeunes et vieilles heures!
O mourir de cette escarpolette!

III

Il pleut doucement sur la ville.
(Arthur Rimbaud.)

Il pleure dans mon cœur
Comme il pleut sur la ville,
Quelle est cette langueur
Qui pénètre mon cœur?

O bruit doux de la pluie
Par terre et sur les toits!
Pour un cœur qui s'ennuie
O le chant de la pluie!

Il pleure sans raison
Dans ce cœur qui s'écœure.

Quoi! nulle trahison?
Ce deuil est sans raison.

C'est bien la pire peine
De ne savoir pourquoi,
Sans amour et sans haine,
Mon cœur a tant de peine.

IV

Il faut, voyez-vous, nous pardonner les choses.
De cette façon nous serons bien heureuses,
Et si notre vie a des instants moroses,
Du moins nous serons, n'est-ce pas ? deux pleureuses.

O que nous mêlions, âmes sœurs que nous sommes,
A nos vœux confus la douceur puérile
De cheminer loin des femmes et des hommes,
Dans le frais oubli de ce qui nous exile.

Soyons deux enfants, soyons deux jeunes filles
Éprises de rien et de tout étonnées,
Qui s'en vont pâlir sous les chastes charmilles,
Sans même savoir qu'elles sont pardonnées.

V

> Son joyeux, importun, d'un clavecin sonore.
>
> (PÉTRUS BOREL.)

Le piano que baise une main frêle
Luit dans le soir rose et gris vaguement,
Tandis qu'avec un très léger bruit d'aile
Un air bien vieux, bien faible et bien charmant
Rôde discret, épeuré quasiment,
Par le boudoir longtemps parfumé d'Elle.

Qu'est-ce que c'est que ce berceau soudain
Qui lentement dorlote mon pauvre être?
Que voudrais-tu de moi, doux chant badin?
Qu'as-tu voulu, fin refrain incertain
Qui vas tantôt mourir vers la fenêtre
Ouverte un peu sur le petit jardin?

VI

C'est le chien de Jean de Nivelle
Qui mord sous l'œil même du guet
Le chat de la mère Michel;
François-les-bas-bleus s'en égaie.

La Lune à l'écrivain public
Dispense sa lumière obscure
Où Médor avec Angélique
Verdissent sur le pauvre mur.

Et voici venir La Ramée
Sacrant en bon soldat du Roy.
Sous son habit blanc mal famé,
Son cœur ne se tient pas de joie.

Car la boulangère... — Elle? — Oui Dam!
Bernant Lustucru son vieil homme,
A tantôt couronné sa flamme...
Enfants, *Dominus vobiscum!*

Place! En sa longue robe bleue
Toute en satin qui fait frou-frou,
C'est une impure, palsambleu!
Dans sa chaise qu'il faut qu'on loue,

Fût-on philosophe ou grigou,
Car tant d'or s'y relève en bosse.
Que ce luxe insolent bafoue
Tout le papier de monsieur Los!

Arrière, robin crotté! place,
Petit courtaud, petit abbé,
Petit poète jamais las
De la rime non attrapée!

Voici que la nuit vraie arrive...
Cependant jamais fatigué
D'être inattentif et naïf
François-les-bas-bleus s'en égaie.

VII

O triste, triste était mon âme
A cause, à cause d'une femme.

Je ne me suis pas consolé,
Bien que mon cœur s'en soit allé.

Bien que mon cœur, bien que mon âme
Eussent fui loin de cette femme.

Je ne me suis pas consolé,
Bien que mon cœur s'en soit allé.

Et mon cœur, mon cœur trop sensible
Dit à mon âme : Est-il possible,

Est-il possible, — le fût-il —
Ce fier exil, ce triste exil ?

Mon âme dit à mon cœur : Sais-je
Moi-même, que nous veut ce piège

D'être présents bien qu'exilés,
Encore que loin en allés ?

VIII

Dans l'interminable
Ennui de la plaine,
La neige incertaine
Luit comme du sable.

Le ciel est de cuivre
Sans lueur aucune,
On croirait voir vivre
Et mourir la lune.

Comme des nuées
Flottent gris les chênes
Des forêts prochaines
Parmi les buées.

Le ciel est de cuivre
Sans lueur aucune
On croirait voir vivre
Et mourir la lune.

Corneille poussive
Et vous, les loups maigres,
Par ces bises aigres
Quoi donc vous arrive?

Dans l'interminable
Ennui de la plaine,
La neige incertaine
Luit comme du sable.

IX

> Le rossignol qui, du haut d'une branche, se regarde dedans, croit être tombé dans la rivière. Il est au sommet d'un chêne et toutefois il a peur de se noyer.
>
> (Cyrano de Bergerac.)

L'ombre des arbres dans la rivière embrumée
Meurt comme de la fumée,
Tandis qu'en l'air, parmi les ramures réelles
Se plaignent les tourterelles.

Combien, ô voyageur, ce paysage blême
Te mira blême toi-même,
Et que triste pleuraient dans les hautes feuillées
Tes espérances noyées!

Mai, juin 1872.

Paysages belges

« Conquestes du Roy. »

(Vieilles estampes.)

WALCOURT

Briques et tuiles,
O les charmants
Petits asiles
Pour les amants!

Houblons et vignes,
Feuilles et fleurs,
Tentes insignes
Des francs buveurs!

Guinguettes claires,
Bières, clameurs,
Servantes chères,
A tous fumeurs!

Gares prochaines,
Gais chemins grands...
Quelles aubaines,
Bons juifs errants!

Juillet 1872.

CHARLEROI

Dans l'herbe noire
Les Kobolds vont.
Le vent profond
Pleure, on veut croire.

Quoi donc se sent ?
L'avoine siffle.
Un buisson gifle
L'œil au passant.

Plutôt des bouges
Que des maisons.
Quels horizons
De forges rouges!

On sent donc quoi ?
Des gares tonnent,
Les yeux s'étonnent,
Où Charleroi ?

Parfums sinistres!
Qu'est-ce que c'est ?
Quoi bruissait
Comme des sistres ?

Sites brutaux!
Oh! votre haleine,
Sueur humaine,
Cris des métaux!

Dans l'herbe noire
Les Kobolds vont.
Le vent profond
Pleure, on veut croire.

BRUXELLES

I

La fuite est verdâtre et rose
Des collines et des rampes,
Dans un demi-jour de lampes
Qui vient brouiller toute chose.

L'or sur les humbles abîmes,
Tout doucement s'ensanglante,
Des petits arbres sans cimes,
Où quelque oiseau faible chante

Triste à peine tant s'effacent
Ces apparences d'automne,
Toutes mes langueurs rêvassent
Que berce l'air monotone.

II

L'allée est sans fin
Sous le ciel, divin
D'être pâle ainsi!
Sais-tu qu'on serait
Bien sous le secret
De ces arbres-ci?

Des messieurs bien mis,
Sans nul doute amis
Des Royers-Collards,
Vont vers le château.
J'estimerais beau
D'être ces vieillards.

Le château, tout blanc
Avec, à son flanc,

Le soleil couché.
Les champs alentour...
Oh! que notre amour
N'est-il là niché!

Estaminet du Jeune Renard, août 1872.

III

CHEVAUX DE BOIS

> Par Saint-Gille,
> Viens nous-en,
> Mon agile
> Alezan.
> (V. Hugo.)

Tournez, tournez, bons chevaux de bois
Tournez cent tours, tournez mille tours,
Tournez souvent et tournez toujours,
Tournez, tournez au son des hautbois.

Le gros soldat, la plus grosse bonne
Sont sur vos dos comme dans leur chambre;
Car, en ce jour, au bois de la Cambre,
Les maîtres sont tous deux en personne.

Tournez, tournez, chevaux de leur cœur,
Tandis qu'autour de tous vos tournois
Clignote l'œil du filou sournois.
Tournez autour du piston vainqueur.

C'est ravissant comme ça vous soûle,
D'aller ainsi dans ce cirque bête!
Bien dans le ventre et mal dans la tête,
Du mal en masse et du bien en foule.

Tournez, tournez, sans qu'il soit besoin
D'user jamais de nuls éperons,
Pour commander à vos galops ronds,
Tournez, tournez, sans espoir de foin

Et dépêchez, chevaux de leur âme,
Déjà, voici que la nuit qui tombe
Va réunir pigeon et colombe,
Loin de la foire et loin de madame.

Tournez, tournez! le ciel en velours
D'astres en or se vêt lentement,
Voici partir l'amante et l'amant.
Tournez au son joyeux des tambours.

Champ de foire de Saint-Gilles, août 1872.

MALINES

Vers les prés, le vent cherche noise
Aux girouettes, détail fin
Du château de quelque échevin,
Rouge de brique et bleu d'ardoise,
Vers les prés clairs, les prés sans fin!

Comme les arbres des féeries,
Des frênes, vagues frondaisons,
Échelonnent mille horizons
A ce Sahara de prairies,
Trèfle, luzerne et blancs gazons.

Les wagons filent en silence
Parmi ces sites apaisés.
Dormez, les vaches! Reposez,
Doux taureaux de la plaine immense,
Sous vos cieux à peine irisés!

Le train glisse sans un murmure,
Chaque wagon est un salon
Où l'on cause bas, et d'où l'on
Aime, à loisir, cette nature
Faite à souhait pour Fénelon.

Août 1872.

Aquarelles

GREEN

Voici des fruits, des fleurs, des feuilles et des branches,
Et puis voici mon cœur, qui ne bat que pour vous.
Ne le déchirez pas avec vos deux mains blanches,
Et qu'à vos yeux si beaux l'humble présent soit doux.

J'arrive tout couvert encore de rosée
Que le vent du matin vient glacer à mon front.
Souffrez que ma fatigue, à vos pieds reposée,
Rêve des chers instants qui la délasseront.

Sur votre jeune sein laissez rouler ma tête
Toute sonore encor de vos derniers baisers;
Laissez-la s'apaiser de la bonne tempête,
Et que je dorme un peu puisque vous reposez.

SPLEEN

Les roses étaient toutes rouges,
Et les lierres étaient tout noirs.

Chère, pour peu que tu te bouges,
Renaissent tous mes désespoirs.

Le ciel était trop bleu, trop tendre,
La mer trop verte et l'air trop doux.

Je crains toujours, — ce qu'est d'attendre!
Quelque fuite atroce de vous.

Du houx à la feuille vernie
Et du luisant buis je suis las,

Et de la campagne infinie
Et de tout fors de vous, hélas!

STREETS

I

Dansons la gigue!

J'aimais surtout ses jolis yeux,
Plus clairs que l'étoile des cieux.
J'aimais ses yeux malicieux.

Dansons la gigue!

Elle avait des façons vraiment
De désoler un pauvre amant,
Que c'en était vraiment charmant!

Dansons la gigue!

Mais je trouve encore meilleur
Le baiser de sa bouche en fleur,
Depuis qu'elle est morte à mon cœur.

Dansons la gigue!

Je me souviens, je me souviens
Des heures et des entretiens,
Et c'est le meilleur de mes biens.

Dansons la gigue!

Soho.

II

O la rivière dans la rue!
Fantastiquement apparue
Derrière un mur haut de cinq pieds,
Elle roule sans un murmure
Son onde opaque et pourtant pure,
Par les faubourgs pacifiés.

La chaussée est très large, en sorte
Que l'eau jaune comme une morte
Dévale ample et sans nuls espoirs
De rien refléter que la brume,
Même alors que l'aurore allume
Les cottages jaunes et noirs.

Paddington.

A POOR YOUNG SHEPHERD

J'ai peur d'un baiser
Comme d'une abeillle.
Je souffre et je veille
Sans me reposer :
J'ai peur d'un baiser!

Pourtant j'aime Kate
Et ses yeux jolis.
Elle est délicate
Aux longs traits pâlis.
Oh! que j'aime Kate!

C'est Saint-Valentin!
Je dois et je n'ose
Lui dire au matin...
La terrible chose
Que Saint-Valentin!

Elle m'est promise,
Fort heureusement!
Mais quelle entreprise
Que d'être un amant
Près d'une promise!

J'ai peur d'un baiser
Comme d'une abeille.
Je souffre et je veille
Sans me reposer :
J'ai peur d'un baiser!

BEAMS

Elle voulut aller sur les flots de la mer,
Et comme un vent bénin soufflait une embellie,
Nous nous prêtâmes tous à sa belle folie,
Et nous voilà marchant par le chemin amer.

Le soleil luisait haut dans le ciel calme et lisse.
Et dans ses cheveux blonds c'étaient des rayons d'or,
Si bien que nous suivions son pas plus calme encor
Que le déroulement des vagues. — O délice!

Des oiseaux blancs volaient alentour mollement,
Et des voiles au loin s'inclinaient toutes blanches.
Parfois de grands varechs filaient en longues branches,
Nos pieds glissaient d'un pur et large mouvement.

Elle se retourna, doucement inquiète
De ne nous croire pas pleinement rassurés;
Mais nous voyant joyeux d'être ses préférés,
Elle reprit sa route en portant haut la tête.

Douvres-Ostende, à bord de la *Comtesse-de-Flandre*,
4 avril 1873.

SAGESSE

I

I

Beauté des femmes, leur faiblesse, et ces mains pâles
Qui font souvent le bien et peuvent tout le mal.
Et ces yeux, où plus rien ne reste d'animal
Que juste assez pour dire : « Assez » aux fureurs mâles.

Et toujours, maternelle endormeuse des râles,
Même quand elle ment, cette voix! Matinal
Appel, ou chant bien doux à vêpre, ou frais signal,
Ou beau sanglot qui va mourir au pli des châles!...

Hommes durs! Vie atroce et laide d'ici-bas!
Ah! que du moins, loin des baisers et des combats,
Quelque chose demeure un peu sur la montagne,

Quelque chose du cœur enfantin et subtil,
Bonté, respect! Car qu'est-ce qui nous accompagne,
Et vraiment, quand la mort viendra, que reste-t-il?

II

Les faux beaux jours ont lui tout le jour, ma pauvre
Et les voici vibrer aux cuivres du couchant. [âme,
Ferme les yeux, pauvre âme, et rentre sur-le-champ :
Une tentation des pires. Fuis l'infâme.

Ils ont lui tout le jour en longs grêlons de flamme,
Battant toute vendange aux collines, couchant
Toute moisson de la vallée, et ravageant
Le ciel tout bleu, le ciel chanteur qui te réclame.

O pâlis, et va-t'en, lente et joignant les mains.
Si ces hiers allaient manger nos beaux demains ?
Si la vieille folie était encore en route ?

Ces souvenirs, va-t-il falloir les retuer ?
Un assaut furieux, le suprême, sans doute!
O va prier contre l'orage, va prier.

III

Sagesse d'un Louis Racine, je t'envie!
O n'avoir pas suivi les leçons de Rollin,
N'être pas né dans le grand siècle à son déclin.
Quand le soleil couchant, si beau, dorait la vie.

Quand Maintenon jetait sur la France ravie,
L'ombre douce et la paix de ses coiffes de lin,
Et royale abritait la veuve et l'orphelin,
Quand l'étude de la prière était suivie,

Quand poète et docteur, simplement, bonnement,
Communiaient avec des ferveurs de novices,
Humbles servaient la Messe et chantaient aux offices

Et, le printemps venu, prenaient un soin charmant
D'aller dans les Auteuils cueillir lilas et roses
En louant Dieu, comme Garo, de toutes choses!

IV

Non. Il fut gallican, ce siècle, et janséniste!
C'est vers le Moyen Age énorme et délicat
Qu'il faudrait que mon cœur en panne naviguât,
Loin de nos jours d'esprit charnel et de chair triste.

Roi, politicien, moine, artisan, chimiste,
Architecte, soldat, médecin, avocat,
Quel temps! Oui, que mon cœur naufragé rembarquât
Pour toute cette force ardente, souple, artiste!

Et là que j'eusse part — quelconque, chez les rois
Ou bien ailleurs, n'importe, — à la chose vitale,
Et que je fusse un saint, actes bons, pensers droits,

Haute théologie et solide morale,
Guidé par la folie unique de la Croix
Sur tes ailes de pierre, ô folle Cathédrale!

V

Écoutez la chanson bien douce
Qui ne pleure que pour vous plaire.
Elle est discrète, elle est légère :
Un frisson d'eau sur de la mousse!

La voix vous fut connue (et chère?),
Mais à présent elle est voilée
Comme une veuve désolée,
Pourtant comme elle encore fière,

Et dans les longs plis de son voile
Qui palpite aux brises d'automne,
Cache et montre au cœur qui s'étonne
La vérité comme une étoile.

Elle dit, la voix reconnue,
Que la bonté c'est notre vie,
Que de la haine et de l'envie
Rien ne reste, la mort venue.

Elle parle aussi de la gloire
D'être simple sans plus attendre,
Et de noces d'or et du tendre
Bonheur d'une paix sans victoire.

Accueillez la voix qui persiste
Dans son naïf épithalame.
Allez, rien n'est meilleur à l'âme
Que de faire une âme moins triste.

Elle est « en peine » et « de passage »,
L'âme qui souffre sans colère,
Et comme sa morale est claire!...
Écoutez la chanson bien sage.

VI

Les chères mains qui furent miennes,
Toutes petites, toutes belles,
Après ces méprises mortelles
Et toutes ces choses païennes,

Après les rades et les grèves,
Et les pays et les provinces,
Royales mieux qu'au temps des princes,
Les chères mains m'ouvrent les rêves.

Mains en songe, mains sur mon âme,
Sais-je, moi, ce que vous daignâtes,
Parmi ces rumeurs scélérates,
Dire à cette âme qui se pâme?

Ment-elle, ma vision chaste,
D'affinité spirituelle,
De complicité maternelle,
D'affection étroite et vaste ?

Remords si cher, peine très bonne,
Rêves bénits, mains consacrées,
O ces mains, ses mains vénérées,
Faites le geste qui pardonne!

VII

Et j'ai revu l'enfant unique : il m'a semblé
Que s'ouvrait dans mon cœur la dernière blessure,
Celle dont la douleur plus exquise m'assure
D'une mort désirable en un jour consolé.

La bonne flèche aiguë et sa fraîcheur qui dure!
En ces instants choisis elles ont éveillé
Les rêves un peu lourds du scrupule ennuyé,
Et tout mon sang chrétien chanta la Chanson pure.

J'entends encor, je vois encor. Loi du devoir
Si douce! Enfin, je sais ce qu'est entendre et voir,
J'entends, je vois toujours! Voix des bonnes pensées,

Innocence, avenir! Sage et silencieux,
Que je vais vous aimer, vous un instant pressées,
Belles petites mains qui fermerez nos yeux!

VIII

LES VOIX

A Anatole France.

Voix de l'Orgueil : un cri puissant comme d'un cor.
Des étoiles de sang sur des cuirasses d'or,
On trébuche à travers des chaleurs d'incendie...
Mais en somme la voix s'en va, comme d'un cor.

Voix de la Haine : cloche en mer, fausse, assourdie
De neige lente. Il fait si froid! Lourde, affadie,
La vie a peur et court follement sur le quai,
Loin de la cloche qui devient plus assourdie.

Voix de la Chair : un gros tapage fatigué.
Des gens ont bu. L'endroit fait semblant d'être gai.
Des yeux, des noms, et l'air plein de parfums atroces
Où vient mourir le gros tapage fatigué.

Voix d'Autrui : des lointains dans les brouillards. Des
[noces
Vont et viennent. Des tas d'embarras. Des négoces,
Et tout le cirque des civilisations
Au son trotte-menu du violon des noces.

Colères, soupirs noirs, regrets, tentations,
Qu'il a fallu pourtant que nous entendissions
Pour l'assourdissement des silences honnêtes,
Colères, soupirs noirs, regrets, tentations.

Ah, les Voix, mourez donc, mourantes que vous êtes,
Sentences, mots en vain, métaphores mal faites,
Toute la rhétorique en fuite des péchés,
Ah, les Voix, mourez donc, mourantes que vous êtes!

Nous ne sommes plus ceux que vous auriez cherchés.
Mourez à nous, mourez aux humbles vœux cachés
Que nourrit la douceur de la Parole forte,
Car notre cœur n'est plus de ceux que vous cherchez!

Mourez parmi la voix que la prière emporte
Au ciel, dont elle seule ouvre et ferme la porte
Et dont elle tiendra les sceaux au dernier jour,
Mourez parmi la voix que la prière apporte,

Mourez parmi la voix terrible de l'Amour!

IX

L'âme antique était rude et vaine
Et ne voyait dans la douleur
Que l'acuité de la peine
Ou l'étonnement du malheur.

L'art, sa figure la plus claire,
Traduit ce double sentiment
Par deux grands types de la Mère
En proie au suprême tourment.

C'est la vieille reine de Troie :
Tous ses fils sont morts par le fer.
Alors ce deuil brutal aboie
Et glapit au bord de la mer.

Elle court le long du rivage,
Bavant vers le flot écumant,
Hirsute, criarde, sauvage,
La chienne littéralement!...

Et c'est Niobé qui s'effare
Et garde fixement des yeux
Sur les dalles de pierre rare
Ses enfants tués par les dieux,

Le souffle expire sur sa bouche,
Elle meurt dans un geste fou.
Ce n'est plus qu'un marbre farouche
Là transporté nul ne sait d'où!...

La douleur chrétienne est immense,
Elle, comme le cœur humain.
Elle souffre, puis elle pense,
Et calme poursuit son chemin.

Elle est debout sur le Calvaire
Pleine de larmes et sans cris.
C'est également une mère,
Mais quelle mère de quel fils!

Elle participe au Supplice
Qui sauve toute nation,
Attendrissant le sacrifice
Par sa vaste compassion.

Et comme tous sont les fils d'elle,
Sur le monde et sur sa langueur,
Toute la charité ruisselle
Des sept blessures de son cœur.

Au jour qu'il faudra, pour la gloire
Des cieux enfin tout grands ouverts,
Ceux qui surent et purent croire,
Bons et doux, sauf au seul Pervers,

Ceux-là, vers la joie infinie,
Sur la colline de Sion,
Monteront d'une aile bénie
Aux plis de son assomption.

II

I

O mon Dieu, vous m'avez blessé d'amour
Et la blessure est encore vibrante,
O mon Dieu, vous m'avez blessé d'amour.

O mon Dieu, votre crainte m'a frappé
Et la brûlure est encor là qui tonne,
O mon Dieu, votre crainte m'a frappé.

O mon Dieu, j'ai connu que tout est vil
Et votre gloire en moi s'est installée,
O mon Dieu, j'ai connu que tout est vil.

Noyez mon âme aux flots de votre Vin,
Fondez ma vie au Pain de votre table,
Noyez mon âme aux flots de votre Vin.

Voici mon sang que je n'ai pas versé,
Voici ma chair indigne de souffrance,
Voici mon sang que je n'ai pas versé.

Voici mon front qui n'a pu que rougir,
Pour l'escabeau de vos pieds adorables,
Voici mon front qui n'a pu que rougir.

Voici mes mains qui n'ont pas travaillé,
Pour les charbons ardents et l'encens rare,
Voici mes mains qui n'ont pas travaillé.

Voici mon cœur qui n'a battu qu'en vain,
Pour palpiter aux ronces du Calvaire,
Voici mon cœur qui n'a battu qu'en vain.

Voici mes pieds, frivoles voyageurs,
Pour accourir au cri de votre grâce,
Voici mes pieds, frivoles voyageurs.

Voici ma voix, bruit maussade et menteur,
Pour les reproches de la Pénitence,
Voici ma voix, bruit maussade et menteur.

Voici mes yeux, luminaires d'erreur,
Pour être éteints aux pleurs de la prière,
Voici mes yeux, luminaires d'erreur.

Hélas! Vous, Dieu d'offrande et de pardon,
Quel est le puits de mon ingratitude,
Hélas! Vous, Dieu d'offrande et de pardon,

Dieu de terreur et Dieu de sainteté,
Hélas! ce noir abîme de mon crime,
Dieu de terreur et Dieu de sainteté,

Vous, Dieu de paix, de joie et de bonheur,
Toutes mes peurs, toutes mes ignorances,
Vous, Dieu de paix, de joie et de bonheur,

Vous connaissez tout cela, tout cela,
Et que je suis plus pauvre que personne,
Vous connaissez tout cela, tout cela,

Mais ce que j'ai, mon Dieu, je vous le donne.

II

Je ne veux plus aimer que ma mère Marie.
Tous les autres amours sont de commandement.
Nécessaires qu'ils sont, ma mère seulement
Pourra les allumer aux cœurs qui l'ont chérie.

C'est pour Elle qu'il faut chérir mes ennemis,
C'est pour Elle que j'ai voué ce sacrifice,
Et la douceur de cœur et le zèle au service,
Comme je la priais, Elle les a permis.

Et comme j'étais faible et bien méchant encore,
Aux mains lâches, les yeux éblouis des chemins,
Elle baissa mes yeux et me joignit les mains,
Et m'enseigna les mots par lesquels on adore.

C'est par Elle que j'ai voulu de ces chagrins,
C'est pour Elle que j'ai mon cœur dans les Cinq Plaies,
Et tous ces bons efforts vers les croix et les claies,
Comme je l'invoquais, Elle en ceignit mes reins.

Je ne veux plus penser qu'à ma mère Marie,
Siège de la Sagesse et source des pardons,
Mère de France aussi, de qui nous attendons
Inébranlablement l'honneur de la patrie.

Marie Immaculée, amour essentiel,
Logique de la foi cordiale et vivace,
En vous aimant, qu'est-il de bon que je ne fasse,
En vous aimant du seul amour, Porte du Ciel?

III

I

Mon Dieu m'a dit : — Mon fils, il faut m'aimer. Tu vois
Mon flanc percé, mon cœur qui rayonne et qui saigne,
Et mes pieds offensés que Madeleine baigne
De larmes, et mes bras douloureux sous le poids

De tes péchés, et mes mains! Et tu vois la croix,
Tu vois les clous, le fiel, l'éponge, et tout t'enseigne
A n'aimer, en ce monde amer où la chair règne,
Que ma Chair et mon Sang, ma parole et ma voix.

Ne t'ai-je pas aimé jusqu'à la mort moi-même,
O mon frère en mon Père, ô mon fils en l'Esprit,
Et n'ai-je pas souffert, comme c'était écrit?

N'ai-je pas sangloté ton angoisse suprême
Et n'ai-je pas sué la sueur de tes nuits,
Lamentable ami qui me cherches où je suis?

II

J'ai répondu : — Seigneur, vous avez dit mon âme.
C'est vrai que je vous cherche et ne vous trouve pas.
Mais vous aimer! Voyez comme je suis en bas,
Vous dont l'amour toujours monte comme la flamme.

Vous, la source de paix que toute soif réclame,
Hélas! voyez un peu tous mes tristes combats!
Oserai-je adorer la trace de vos pas,
Sur ces genoux saignants d'un rampement infâme?

Et pourtant je vous cherche en longs tâtonnements,
Je voudrais que votre ombre au moins vêtît ma honte,
Mais vous n'avez pas d'ombre, ô vous dont l'amour [monte,

O vous, fontaine calme, amère aux seuls amants
De leur damnation, ô vous toute lumière
Sauf aux yeux dont un lourd baiser tient la paupière.

III

— Il faut m'aimer! Je suis l'universel Baiser,
Je suis cette paupière et je suis cette lèvre
Dont tu parles, ô cher malade, et cette fièvre
Qui t'agite, c'est moi toujours! Il faut oser

M'aimer! Oui, mon amour monte sans biaiser
Jusqu'où ne grimpe pas ton pauvre amour de chèvre,
Et t'emportera, comme un aigle vole un lièvre,
Vers des serpolets qu'un ciel cher vient arroser!

O ma nuit claire! ô tes yeux dans mon clair de lune!
O ce lit de lumière et d'eau parmi la brume!
Toute cette innocence et tout ce reposoir!

Aime-moi! Ces deux mots sont mes verbes suprêmes,
Car étant ton Dieu tout-puissant, je peux vouloir,
Mais je ne veux d'abord que pouvoir que tu m'aimes!

IV

— Seigneur, c'est trop! Vraiment je n'ose. Aimer qui?
[Vous?
Oh! non! Je tremble et n'ose. Oh! vous aimer je n'ose,
Je ne veux pas! Je suis indigne. Vous, la Rose
Immense des purs vents de l'Amour, ô Vous tous

Les cœurs des saints, ô Vous qui fûtes le Jaloux
D'Israël, Vous la chaste abeille qui se pose
Sur la seule fleur d'une innocence mi-close,
Quoi, moi, moi pouvoir Vous aimer! Êtes-vous fous[1],

Père, Fils, Esprit? Moi, ce pécheur-ci, ce lâche,
Ce superbe, qui fait le mal comme sa tâche
Et n'a dans tous ses sens, odorat, toucher, goût,

Vue, ouïe, et dans tout son être — hélas! dans tout
Son espoir et dans tout son remords — que l'extase
D'une caresse où le seul vieil Adam s'embrasse?

1. Saint Augustin.

V

— Il faut m'aimer. Je suis ces Fous que tu nommais,
Je suis l'Adam nouveau qui mange le vieil homme,
Ta Rome, ton Paris, ta Sparte et ta Sodome,
Comme un pauvre rué parmi d'horribles mets.

Mon amour est le feu qui dévore à jamais
Toute chair insensée, et l'évapore comme
Un parfum — et c'est le déluge qui consomme
En son flot tout mauvais germe que je semais,

Afin qu'un jour la Croix où je meurs fût dressée
Et que par un miracle effrayant de bonté
Je t'eusse un jour à moi, frémissant et dompté.

Aime. Sors de ta nuit. Aime. C'est ma pensée
De toute éternité, pauvre âme délaissée,
Que tu dusses m'aimer, moi seul qui suis resté!

VI

— Seigneur, j'ai peur. Mon âme en moi tressaille toute.
Je vois, je sens qu'il faut vous aimer. Mais comment
Moi, ceci, me ferais-je, ô Vous, Dieu, votre amant,
O justice que la vertu des bons redoute ?

Oui, comment ? Car voici que s'ébranle la voûte
Où mon cœur creusait son ensevelissement
Et que je sens fluer à moi le firmament,
Et je vous dis : de vous à moi quelle est la route ?

Tendez-moi votre main, que je puisse lever
Cette chair accroupie et cet esprit malade.
Mais recevoir jamais la céleste accolade,

Est-ce possible ? Un jour, pouvoir la retrouver
Dans votre sein, sur votre cœur qui fut le nôtre,
La place où reposa la tête de l'apôtre ?

VII

— Certes, si tu le veux mériter, mon fils, oui,
Et voici. Laisse aller l'ignorance indécise
De ton cœur vers les bras ouverts de mon Église
Comme la guêpe vole au lis épanoui.

Approche-toi de mon oreille. Épanches-y
L'humiliation d'une brave franchise.
Dis-moi tout sans un mot d'orgueil ou de reprise
Et m'offre le bouquet d'un repentir choisi.

Puis franchement et simplement viens à ma table,
Et je t'y bénirai d'un repas délectable
Auquel l'ange n'aura lui-même qu'assisté,

Et tu boiras le Vin de la vigne immuable
Dont la force, dont la douceur, dont la bonté
Feront germer ton sang à l'immortalité.

*
* *

Puis, va! Garde une foi modeste en ce mystère
D'amour par quoi je suis ta chair et ta raison,
Et surtout reviens très souvent dans ma maison,
Pour y participer au Vin qui désaltère,

Au Pain sans qui la vie est une trahison,
Pour y prier mon Père et supplier ma Mère
Qu'il te soit accordé, dans l'exil de la terre,
D'être l'agneau sans cris qui donne sa toison,

D'être l'enfant vêtu de lin et d'innocence,
D'oublier ton pauvre amour-propre et ton essence,
Enfin, de devenir un peu semblable à moi

Qui fus, durant les jours d'Hérode et de Pilate
Et de Judas et de Pierre, pareil à toi
Pour souffrir et mourir d'une mort scélérate.

*
* *

Et pour récompenser ton zèle en ces devoirs
Si doux qu'ils sont encor d'ineffables délices,
Je te ferai goûter sur terre mes prémices,
La paix du cœur, l'amour d'être pauvre, et mes soirs

Mystiques, quand l'esprit s'ouvre aux calmes espoirs
Et croit boire, suivant ma promesse, au Calice
Éternel, et qu'au ciel pieux la lune glisse,
Et que sonnent les angélus roses et noirs,

En attendant l'assomption dans ma lumière,
L'éveil sans fin dans ma charité coutumière,
La musique de mes louanges à jamais,

Et l'extase perpétuelle et la science,
Et d'être en moi parmi l'aimable irradiance
De tes souffrances, enfin miennes, que j'aimais!

VIII

— Ah! Seigneur, qu'ai-je? Hélas! me voici tout en
D'une joie extraordinaire : votre voix [larmes
Me fait comme du bien et du mal à la fois,
Et le mal et le bien, tout a les mêmes charmes.

Je ris, je pleure, et c'est comme un appel aux armes
D'un clairon pour des champs de bataille où je vois
Des anges bleus et blancs portés sur des pavois,
Et ce clairon m'enlève en de fières alarmes.

J'ai l'extase et j'ai la terreur d'être choisi.
Je suis indigne, mais je sais votre clémence.
Ah! quel effort, mais quelle ardeur! Et me voici,

Plein d'une humble prière, encor qu'un trouble immense
Brouille l'espoir que votre voix me révéla,
Et j'aspire en tremblant...

IX

— Pauvre âme, c'est cela!

III

I

L'espoir luit comme un brin de paille dans l'étable.
Que crains-tu de la guêpe ivre de son vol fou ?
Vois, le soleil toujours poudroie à quelque trou.
Que ne t'endormais-tu, le coude sur la table ?

Pauvre âme pâle, au moins cette eau du puits glacé,
Bois-la. Puis dors après. Allons, tu vois, je reste,
Et je dorloterai les rêves de ta sieste,
Et tu chantonneras comme un enfant bercé.

Midi sonne. De grâce éloignez-vous, madame.
Il dort. C'est étonnant comme les pas de femme
Résonnent au cerveau des pauvres malheureux.

Midi sonne. J'ai fait arroser dans la chambre,
Va, dors! L'espoir luit comme un caillou dans un creux.
Ah! quand refleuriront les roses de septembre!

II

Je suis venu, calme orphelin,
Riche de mes seuls yeux tranquilles,
Vers les hommes des grandes villes :
Ils ne m'ont pas trouvé malin.

A vingt ans un trouble nouveau
Sous le nom d'amoureuses flammes
M'a fait trouver belles les femmes :
Elles ne m'ont pas trouvé beau.

Bien que sans patrie et sans roi
Et très brave ne l'étant guère,
J'ai voulu mourir à la guerre :
La mort n'a pas voulu de moi.

Suis-je né trop tôt ou trop tard ?
Qu'est-ce que je fais en ce monde ?
O vous tous, ma peine est profonde;
Priez pour le pauvre Gaspard!

III

Un grand sommeil noir
Tombe sur ma vie :
Dormez, tout espoir,
Dormez, toute envie!

Je ne vois plus rien,
Je perds la mémoire
Du mal et du bien...
O la triste histoire!

Je suis un berceau
Qu'une main balance
Au creux d'un caveau...
Silence, silence!

IV

Le ciel est, par-dessus le toit,
Si bleu, si calme!
Un arbre, par-dessus le toit,
Berce sa palme.

La cloche dans le ciel qu'on voit
Doucement tinte.
Un oiseau sur l'arbre qu'on voit
Chante sa plainte.

Mon Dieu, mon Dieu, la vie est là,
Simple et tranquille.
Cette paisible rumeur-là
Vient de la ville.

— Qu'as-tu fait, ô toi que voilà
Pleurant sans cesse,
Dis, qu'as-tu fait, toi que voilà,
De ta jeunesse ?

V

Je ne sais pourquoi
Mon esprit amer
D'une aile inquiète et folle vole sur la mer,
Tout ce qui m'est cher,
D'une aile d'effroi
Mon amour le couve au ras des flots. Pourquoi,
[pourquoi ?
Mouette à l'essor mélancolique,
Elle suit la vague, ma pensée,
A tous les vents du ciel balancée
En biaisant quand la marée oblique,
Mouette à l'essor mélancolique.

Ivre de soleil
Et de liberté,
Un instinct la guide à travers cette immensité.

La brise d'été
Sur le flot vermeil
Doucement la porte en un tiède demi-sommeil.

Parfois si tristement elle crie
Qu'elle alarme au lointain le pilote,
Puis au gré du vent se livre et flotte
Et plonge, et l'aile toute meurtrie
Revole, et puis si tristement crie!

Je ne sais pourquoi
Mon esprit amer
D'une aile inquiète et folle vole sur la mer.
Tout ce qui m'est cher,
D'une aile d'effroi
Mon amour le couve au ras des flots. Pourquoi,
[pourquoi ?

VI

Le son du cor s'afflige vers les bois
D'une douleur on veut croire orpheline
Qui vient mourir au bas de la colline
Parmi la bise errant en courts abois

L'âme du loup pleure dans cette voix
Qui monte avec le soleil qui décline
D'une agonie on veut croire câline
Et qui ravit et qui navre à la fois.

Pour faire mieux cette plainte assoupie
La neige tombe à longs traits de charpie
A travers le couchant sanguinolent,

Et l'air a l'air d'être un soupir d'automne,
Tant il fait doux par ce soir monotone
Où se dorlote un paysage lent.

VII

Vous voilà, vous voilà, pauvres bonnes pensées!
L'espoir qu'il faut, regret des grâces dépensées,
Douceur de cœur avec sévérité d'esprit,
Et cette vigilance, et le calme prescrit,
Et toutes! — Mais encor lentes, bien éveillées,
Bien d'aplomb, mais encor timides, débrouillées
A peine du lourd rêve et de la tiède nuit.
C'est à qui de vous va plus gauche, l'une suit
L'autre, et toutes ont peur du vaste clair de lune.
« Telles, quand des brebis sortent d'un clos. C'est une,
Puis deux, puis trois. Le reste est là, les yeux baissés,
La tête à terre, et l'air des plus embarrassés,
Faisant ce que fait leur chef de file : il s'arrête,
Elles s'arrêtent tour à tour, posant leur tête
Sur son dos, simplement et sans savoir pourquoi [1]. »
Votre pasteur, ô mes brebis, ce n'est pas moi,

1. Dante, *Le Purgatoire*.

C'est un meilleur, un bien meilleur, qui sait les causes,
Lui qui vous tint longtemps et si longtemps là closes,
Mais qui vous délivra de sa main au temps vrai.
Suivez-le. Sa houlette est bonne.
Et je serai,
Sous sa voix toujours douce à votre ennui qui bêle,
Je serai, moi, par vos chemins, son chien fidèle.

VIII

L'échelonnement des haies
Moutonne à l'infini, mer
Claire dans le brouillard clair
Qui sent bon les jeunes baies.

Des arbres et des moulins
Sont légers sur le vert tendre
Où vient s'ébattre et s'étendre
L'agilité des poulains.

Dans ce vague d'un Dimanche
Voici se jouer aussi
De grandes brebis aussi
Douces que leur laine blanche.

Tout à l'heure déferlait
L'onde, roulée en volutes,
De cloches comme des flûtes
Dans le ciel comme du lait.

IX

La mer est plus belle
Que les cathédrales,
Nourrice fidèle,
Berceuse de râles,
La mer sur qui prie
La Vierge Marie!

Elle a tous les dons
Terribles et doux.
J'entends ses pardons
Gronder ses courroux.
Cette immensité
N'a rien d'entêté.

Oh! si patiente,
Même quand méchante!
Un souffle ami hante
La vague, et nous chante :
« Vous sans espérance,
Mourez sans souffrance! »

Et puis sous les cieux
Qui s'y rient plus clairs,
Elle a des airs bleus,
Roses, gris et verts...
Plus belle que tous,
Meilleure que nous!

X

C'est la fête du blé, c'est la fête du pain
Aux chers lieux d'autrefois revus après ces choses!
Tout bruit, la nature et l'homme, dans un bain
De lumière si blanc que les ombres sont roses.

L'or des pailles s'effondre au vol siffleur des faux
Dont l'éclair plonge, et va luire, et se réverbère.
La plaine, tout au loin couverte de travaux,
Change de face à chaque instant, gaie et sévère.

Tout halète, tout n'est qu'effort et mouvement
Sous le soleil, tranquille auteur des moissons mûres,
Et qui travaille encore imperturbablement
A gonfler, à sucrer, là-bas, les grappes sures.

Travaille, vieux soleil, pour le pain et le vin,
Nourris l'homme du lait de la terre, et lui donne
L'honnête verre où rit un peu d'oubli divin.
Moissonneurs, vendangeurs là-bas! votre heure est
[bonne

Car sur la fleur des pains et sur la fleur des vins,
Fruit de la force humaine en tous lieux répartie,
Dieu moissonne, et vendange, et dispose à ses fins
La Chair et le Sang pour le calice et l'hostie!

LES UNS ET LES AUTRES

Comédie

A Théodore de Banville

LES UNS ET LES AUTRES

PERSONNAGES :

MYRTIL	MEZZETIN
SYLVANDRE	CORYDON
ROSALINDE	AMINTE
CHLORIS	BERGERS, MASQUES

La scène se passe dans un parc de Watteau. Vers une fin d'après-midi d'été.

Une nombreuse compagnie d'hommes et de femmes est groupée, en de nonchalantes attitudes, autour d'un chanteur costumé en Mezzetin qui s'accompagne doucement sur une mandoline.

SCÈNE I

MEZZETIN, *chantant.*

Puisque tout n'est rien que fables
Hormis d'aimer ton désir,
Jouis vite du loisir
Que te font des dieux affables.

Puisqu'à ce point se trouva
Facile ta destinée,
Puisque vers toi ramenée
L'Arcadie est proche, — va!

Va! le vin dans les feuillages
Fait éclater les beaux yeux
Et battre les cœurs joyeux
A l'étroit sous les corsages...

CORYDON

A l'exemple de la cigale, nous avons
Chanté...

AMINTE

Si nous allions danser?

TOUS, *moins Myrtil, Rosalinde, Sylvandre et Chloris.*

Nous vous suivons.

(Ils sortent à l'exception des mêmes.)

SCÈNE II

MYRTIL, ROSALINDE, SYLVANDRE, CHLORIS

ROSALINDE, *à Myrtil.*

Restons.

CHLORIS, *à Sylvandre.*

Favorisé, vous pouvez dire l'être :
J'aime la danse à m'en jeter par la fenêtre,
Et si je ne vais pas sur l'herbette avec eux,
C'est bien pour vous!

(Sylvandre la presse.)

Paix là! Que vous êtes fougueux!

(Sortent Sylvandre et Chloris.)

SCÈNE III

MYRTIL, ROSALINDE

ROSALINDE

Parlez-moi.

MYRTIL

De quoi donc voulez-vous que je cause ?
Du passé ? Cela vous ennuierait et pour cause.
Du présent ? A quoi bon, puisque vous y voilà ?
De l'avenir ? Laissons en paix ces choses-là !

ROSALINDE

Parlez-moi du passé.

MYRTIL

Pourquoi ?

ROSALINDE

C'est mon caprice.
Et fiez-vous à la mémoire adulatrice
Qui va teinter d'azur les plus mornes jadis
Et masque les enfers anciens en paradis.

MYRTIL

Soit donc! J'évoquerai, ma chère, pour vous plaire,
Ce morne amour qui fut, hélas! notre chimère,

Regrets sans fin, ennuis profonds, poignants remords,
Et toute la tristesse atroce des jours morts;
Je dirai nos plus beaux espoirs déçus sans cesse,
Ces deux cœurs dévoués jusques à la bassesse
Et soumis l'un à l'autre, et puis, finalement,
Pour toute récompense et tout remerciement,
Navrés, martyrisés, bafoués l'un par l'autre,
Ma folle jalousie étreinte par la vôtre,
Vos soupçons complétant l'horreur de mes soupçons,
Toutes vos trahisons, toutes mes trahisons!
Oui, puisque ce passé vous flatte et vous agrée,
Ce passé que je lis tracé comme à la craie
Sur le mur ténébreux du souvenir, je veux,
Ce passé tout entier, avec ses désaveux
Et ses explosions de pleurs et de colère,
Vous le redire, afin, ma chère, de vous plaire!

ROSALINDE

Savez-vous que je vous trouve admirable, ainsi
Plein d'indignation élégante?

MYRTIL, *irrité.*

Merci!

ROSALINDE

Vous vous exagérez aussi par trop les choses.
Quoi! pour un peu d'ennui, quelques heures moroses
Vous lamenter avec ce courroux enfantin!
Moi, je rends grâce au dieu qui me fit ce destin

D'avoir aimé, d'aimer l'ingrat, d'aimer encore
L'ingrat qui tient de sots discours, et qui m'adore
Toujours, ainsi qu'il sied d'ailleurs en ce pays
De Tendre. Oui! Car malgré vos regards ébahis
Et vos bras de poupée inerte, je suis sûre
Que vous gardez toujours ouverte la blessure
Faite par ces yeux-ci, boudeur, à ce cœur-là.

MYRTIL, *attendri.*

Pourtant le jour où cet amour m'ensorcela
Vous fut autant qu'à moi funeste, mon amie.
Croyez-moi, réveiller la tendresse endormie,
C'est téméraire, et mieux vaudrait pieusement
Respecter jusqu'au bout son assoupissement
Qui ne peut que finir par la mort naturelle.

ROSALINDE

Fou! par quoi pouvons-nous vivre, sinon par elle?

MYRTIL, *sincère.*

Alors, mourons!

ROSALINDE

Vivons plutôt! Fût-ce à tout prix!
Quant à moi, vos aigreurs, vos fureurs, vos mépris,
Qui ne sont, je le sais, qu'un dépit éphémère,
Et cet orgueil qui rend votre parole amère,
J'en veux faire litière à mon amour têtu,
Et je vous aimerai quand même, m'entends-tu?

MYRTIL

Vous êtes mutinée...

ROSALINDE

Allons, laissez-moi faire!

MYRTIL, *cédant.*

Donc, il le faut!

ROSALINDE

Venez cueillir la primevère
De l'amour renaissant timide après l'hiver.
Quittez ce front chagrin, souriez comme hier
A ma tendresse entière et grande, encor qu'ancienne!

MYRTIL

Ah! toujours tu m'auras mené, magicienne!

(Ils sortent. Rentrent Sylvandre et Chloris.)

SCÈNE IV

SYLVANDRE, CHLORIS

CHLORIS, *courant.*

Non!

SYLVANDRE

Si!

CHLORIS

Je ne veux pas...

SYLVANDRE, *la baisant sur la nuque.*

Dites : je ne veux plus!

(*La tenant embrassée.*)

Mais voici, j'ai fixé vos vœux irrésolus,
Et le milan affreux tient la pauvre hirondelle.

CHLORIS

Fi! l'action vilaine! Au moins rougissez d'elle!
Mais non! Il rit, il rit!

(*Pleurnichant pour rire.*)

Ah, oh, hi, que c'est mal!

SYLVANDRE

Tarare! mais le seul état vraiment normal,
C'est le nôtre, c'est, fous l'un de l'autre, gais, libres,
Jeunes, et méprisant tous autres équilibres
Quelconques, qui ne sont que cloche-pieds piteux,
D'avoir deux cœurs pour un, et, chère âme, un pour [deux!

CHLORIS

Que voilà donc, monsieur l'amant, de beau langage!
Vous êtes procureur ou poète, je gage,
Pour ainsi discourir, sans rire, obscurément.

SYLVANDRE

Vous vous moquez avec un babil très charmant,
Et me voici deux fois épris de ma conquête;
Tant d'éclat en vos yeux jolis, et dans la tête
Tant d'esprit! Du plus fin encore, s'il vous plaît.

CHLORIS

Et si je vous trouvais par hasard bête et laid,
Fier conquérant fictif, grand vainqueur en peinture?

SYLVANDRE

Alors, n'eussiez-vous pas arrêté l'aventure
De tantôt, qui semblait exclure tout dégoût
Conçu par vous, à mon détriment, après tout?

CHLORIS

O la fatuité des hommes qu'on n'évince
Pas sur-le-champ! Allez, allez, la preuve est mince
Que vous invoquez là d'un penchant présumé
De mon cœur pour le vôtre, aspirant bien-aimé.
— Au fait, chacun de nous vainement déblatère
Et, tenez, je vous vais dire mon caractère,
Pour qu'étant à la fin bien au courant de moi,
Si vous souffrez, du moins vous connaissiez pourquoi.
Sachez donc...

SYLVANDRE

Que je meure ici, ma toute belle,
Si j'exige...

CHLORIS

— Sachez d'abord vous taire. — Or celle
Qui vous parle est coquette et folle. Oui, je le suis.
J'aime les jours légers et les frivoles nuits.
J'aime un ruban qui m'aille, un amant qui me plaise,
Pour les bien détester après tout à mon aise.

Vous, par exemple, vous, monsieur, que je n'ai pas
Naguère tout à fait traité de haut en bas,
Me dussiez-vous tenir pour la pire pécore,
Eh bien, je ne sais pas si je vous souffre encore.

SYLVANDRE, *souriant.*

Dans le doute...

CHLORIS, *coquette, s'enfuyant.*

« Abstiens-toi », dit l'autre. Je m'abstiens.

SYLVANDRE, *presque naïf.*

Ah! c'en est trop, je souffre et m'en vais pleurer.

CHLORIS, *touchée, mais gaie.*

Viens,
Enfant, mais souviens-toi que je suis infidèle
Souvent, ou bien plutôt capricieuse. Telle
Il faut me prendre. Et puis, voyez-vous, nous voici
Tous deux bien amoureux, — car je vous aime aussi,
— Là! voilà le grand mot lâché! Mais...

SYLVANDRE

O cruelle
Réticence!

CHLORIS

Attendez la fin, pauvre cervelle.
Mais, dirai-je, malgré tous nos transports et tous
Nos serments mutuels, solennels et jaloux

D'être éternels, un Dieu malicieux préside
Aux autels de Paphos —
(*Sur un geste de dénégation de Sylvandre.*)
C'est un fait — et de Gnide.
Telle est la loi qu'Amour à nos cœurs révéla.
L'on n'a pas plutôt dit ceci qu'on fait cela.
Plus tard on se repent, c'est vrai, mais le parjure
A des ailes, et comme il perdrait sa gageure
Celui qui poursuivrait un mensonge envolé!
Qu'y faire? Promener son souci désolé,
Bras ballants, yeux rougis, la tête décoiffée,
A travers monts et vaux, ainsi qu'un autre Orphée,
Gonfler l'air de soupirs et l'océan de pleurs
Par l'indiscrétion de bavardes douleurs?
Non, cent fois non! Plutôt aimer à l'aventure
Et ne demander pas l'impossible à Nature!
Nous voici, venez-vous de dire, bien épris
L'un de l'autre, soyons heureux, faisons mépris
De tout ce qui n'est pas notre douce folie!
Deux cœurs pour un, un cœur pour deux... Je m'y
[rallie,
Me voici, vôtre, tienne!... Êtes-vous rassuré?
Tout à l'heure j'avais mille fois tort, c'est vrai,
D'ainsi bouder un cœur offert de bonne grâce,
Et c'est moi qui reviens à vous, de guerre lasse.
Donc aimons-nous. Prenez mon cœur avec ma main,
Mais, pour Dieu, n'allons pas songer au lendemain,
Et si ce lendemain doit ne pas être aimable,
Sachons que tout bonheur repose sur le sable,

Qu'en amour il n'est pas de malhonnêtes gens,
Et surtout soyons-nous l'un à l'autre indulgents.
Cela vous plaît ?

SYLVANDRE

Cela me plairait si...

SCÈNE V

LES PRÉCÉDENTS, MYRTIL

MYRTIL, *survenant.*

Madame
A raison. Son discours serait l'épithalame
Que j'eusse proféré si...

CHLORIS

Cela fait deux « si »,
C'est un de trop.

MYRTIL, *à Chloris.*

Je pense absolument ainsi
Que vous.

CHLORIS, *à Sylvandre.*

Et vous, monsieur ?

SYLVANDRE

La vérité m'oblige...

CHLORIS, *au même.*

Et quoi, monsieur, déjà si tiède!...

MYRTIL, *à Chloris.*

L'homme-lige
Qu'il vous faut, ô Chloris, c'est moi...

SCÈNE VI

LES PRÉCÉDENTS, ROSALINDE

ROSALINDE, *survenant.*

Salut! je suis
Alors, puisqu'il le faut décidément, depuis
Tous ces étonnements où notre cœur se joue,
A votre chariot la cinquième roue.

(A Myrtil.)

Je vous rends vos serments anciens et les nouveaux
Et les récents, les vrais aussi bien que les faux.

MYRTIL, *au bras de Chloris et protestant comme par manière d'acquit.*

Chère!

ROSALINDE

Vous n'avez pas besoin de vous défendre,
Car me voici l'amie intime de Sylvandre.

SYLVANDRE, *ravi, surpris et léger.*

O doux Charybde après un aimable Scylla!
Mais celle-ci va faire ainsi que celle-là
Sans doute, et toutes deux, adorables coquettes
Dont les caprices sont bel et bien des raquettes
Joueront avec mon cœur, je le crains, au volant.

CHLORIS, *à Sylvandre.*

Fat!

ROSALINDE, *au même.*

Ingrat!

MYRTIL, *au même.*

Insolent!

SYLVANDRE, *à Myrtil.*

Quant à cet « insolent »,
Ami cher, mes griefs sont au moins réciproques
Et s'il est vrai que nous te vexions, tu nous choques.

(A Rosalinde et à Chloris.)

Mesdames, je suis votre esclave à toutes deux,
Mais mon cœur qui se cabre aux chemins hasardeux
Est un méchant cheval réfractaire à la bride
Qui devant tout péril connu s'enfuit, rapide,
A tous crins, s'allât-il rompre le col plus loin.

(A Rosalinde.)

Or donc, si vous avez, Rosalinde, besoin
Pour un voyage au bleu pays des fantaisies
D'un franc coursier, gourmand de provendes choisies

Et quelque peu fringant, mais jamais rebuté,
Chevauchez à loisir ma bonne volonté.

MYRTIL

La déclaration est un tant soit peu roide.
Mais, bah! chat échaudé craint l'eau, fût-elle froide,
(*A Rosalinde.*)
N'est-ce pas, Rosalinde, et vous le savez bien
Que ce chat-là surtout, c'est moi.

ROSALINDE

Je ne sais rien.

MYRTIL

Et puisqu'en ce conflit où chacun se rebiffe,
Chloris aussi veut bien m'avoir pour hippogriffe
De ses rêves devers la lune ou bien ailleurs,
Me voici tout bridé, couvert d'ailleurs de fleurs
Charmantes aux odeurs puissantes et divines
Dont je sentirai bien tôt ou tard les épines,
(*A Chloris.*)
Madame, n'est-ce pas ?

CHLORIS

Taisez-vous et m'aimez.
Adieu, Sylvandre!

ROSALINDE

Adieu, Myrtil!

MYRTIL, *à Rosalinde.*

Est-ce à jamais ?

SYLVANDRE, *à Chloris.*

C'est pour toujours!

ROSALINDE

Adieu, Myrtil!

CHLORIS

Adieu, Sylvandre!

(Sortent Sylvandre et Rosalinde.)

SCÈNE VII

MYRTIL, CHLORIS

CHLORIS

C'est donc que vous avez de l'amour à revendre
Pour, le joug d'une amante irritée écarté,
Vous tourner aussitôt vers ma faible beauté ?

MYRTIL

Croyez-vous qu'elle soit à ce point offensée ?

CHLORIS

Qui ? ma beauté ?

MYRTIL

Non. L'autre...

CHLORIS

Ah! J'avais la pensée
Bien autre part, je vous l'avoue, et m'attendais
A quelque madrigal un peu compliqué, mais
Sans doute vous voulez parler de Rosalinde
Et du courroux auquel son cœur crispé se guinde...
N'en doutez pas, elle est vexée horriblement.

MYRTIL

En êtes-vous bien sûre?

CHLORIS

Ah çà, pour un amant
Tout récemment élu, sur sa chaude supplique
Encore! et dans un tel concours mélancolique
Malgré qu'un tant soit peu plaisant d'événements,
Ne pouvez-vous pas mieux employer les moments
Premiers de nos premiers amours, ô cher Thésée,
Qu'à vous préoccuper d'Ariane laissée?
— Mais taisons cela, quitte à plus tard en parler. —
Eh oui, là, je vous jure, à ne vous rien celer,
Que Rosalinde éprise encor d'un infidèle,
Trépigne, peste, enrage, et sa rancœur est telle
Qu'elle m'en a pris mon Sylvandre de dépit.

MYRTIL

Et vous regrettez fort Sylvandre ?

CHLORIS

Mal lui prit,

Que je crois, de tomber sur votre ancienne amie ?

MYRTIL

Et pourquoi ?

CHLORIS

Faux naïf! je ne le dirai mie.

MYRTIL

Mais regrettez-vous fort Sylvandre ?

CHLORIS

M'aimez-vous,

Vous ?

MYRTIL

Vos yeux sont si beaux, votre...

CHLORIS

Êtes-vous jaloux

De Sylvandre ?

MYRTIL, *très vivement.*

Oh! oui!

(*Se reprenant.*)

Mais, au passé, chère belle.

CHLORIS

Allons, un tel aveu, bien que tardif, s'appelle
Une galanterie et je l'admets ainsi.
Donc vous m'aimez?

MYRTIL, *distrait, après un silence.*

Oh! oui!

CHLORIS

Quel amoureux transi
Vous seriez si d'ailleurs vous l'étiez de moi!

MYRTIL

Douce
Amie!

CHLORIS

Ah, que c'est froid! « Douce amie! » Il vous trousse
Un compliment banal et prend un air vainqueur!
J'aurai longtemps vos « oui » de tantôt sur le cœur.

MYRTIL, *indolemment.*

Permettez...

CHLORIS

Mais voici Rosalinde et Sylvandre.

MYRTIL, *comme réveillé en sursaut.*

Rosalinde...

CHLORIS

Et Sylvandre. Et quel besoin de fendre
Ainsi l'air de vos bras en façon de moulin?
Ils débusquent. Tournons vite le terre-plein
Et vidons, s'il vous plaît, ailleurs cette querelle.

(*Ils sortent.*)

SCÈNE VIII

SYLVANDRE, ROSALINDE

SYLVANDRE

Et voilà mon histoire en deux mots.

ROSALINDE

Elle est telle
Que j'y lis à l'envers l'histoire de Myrtil.
Par un pressentiment inquiet et subtil
Vous redoutez l'amour qui venait et sa lèvre
Aux baisers inconnus encore, et lui qu'enfièvre
Le souvenir d'un vieil amour désenlacé,
Stupide autant qu'ingrat, il a peur du passé,
Et tous deux avez tort, allez, Sylvandre.

SYLVANDRE

Dites
Qu'il a tort...

ROSALINDE

Non, tous deux, et vous n'êtes pas quittes,
Et tous deux souffrirez, et ce sera bien fait.

SYLVANDRE

Après tout je ne vois que très mal mon forfait
Et j'ignore très bien quel sera mon martyre
(*Minaudant.*)
A moins que votre cœur...

ROSALINDE

Vous avez tort de rire.

SYLVANDRE

Je ne ris pas, je dis posément, d'une part,
Que je ne crois point tant criminel mon départ
D'avec Chloris, coquette aimable, mais sujette
A caution, et puis, d'autre part je projette
D'être heureux avec vous qui m'avez bien voulu
Recueillir quand brisé, désemparé, moulu,
Berné par ma maîtresse et planté là par elle,
J'allais probablement me brûler la cervelle
Si j'avais eu quelque arme à feu sous mes dix doigts.
Oui je vais vous aimer, je le veux (je le dois
En outre), je vais vous aimer à la folie...
Donc, arrière regrets, dépit, mélancolie!
Je serai votre chien féal, ton petit loup
Bien doux...

ROSALINDE

Vous avez tort de rire, encore un coup.

SYLVANDRE

Encore un coup, je ne ris pas. Je vous adore,
J'idolâtre ta voix si tendrement sonore,
J'aime vos pieds, petits à tenir dans la main,
Qui font un bruit mignard et gai sur le chemin
Et luisent, rêves blancs, sous les pompons des mules.
Quand tes grands yeux, de qui les astres sont émules,
Abaissent jusqu'à nous leurs aimables rayons,
Comparables à ces fleurs d'été que nous voyons
Tourner vers le soleil leur fidèle corolle,
Lors, je tombe en extase et reste sans parole,
Sans vie et sans pensée, éperdu, fou, hagard,
Devant l'éclat charmant et fier de ton regard.
Je frémis à ton souffle exquis comme au vent l'herbe,
O ma charmante, ô ma divine, ô ma superbe,
Et mon âme palpite au bout de tes cils d'or...
— A propos, pensez-vous que Chloris m'aime encor?

ROSALINDE

Et si je le pensais?

SYLVANDRE

Question saugrenue
En effet!

ROSALINDE

Voulez-vous la vérité bien nue?

SYLVANDRE

Non! Que me fait ? Je suis un sot, et me voici
Confus, et je vous aime uniquement.

ROSALINDE

Ainsi
Cela vous est égal qu'il soit patent, palpable,
Évident, que Chloris vous adore...

SYLVANDRE

Du diable
Si c'est possible! Elle! Elle ? Allons donc!
(Soucieux, tout à coup à part.)
Hélas!

ROSALINDE

Quoi,
Vous en doutez ?

SYLVANDRE

Ce cœur volage suit sa loi...
Elle leurre à présent Myrtil...

ROSALINDE

Elle le leurre,
Dites-vous ? Mais alors il l'aime!...

SYLVANDRE

Que je meure
Si je comprends ce cri jaloux!

ROSALINDE

Ah, taisez-vous!

SYLVANDRE

Un trompeur! une folle!

ROSALINDE

Es-tu donc pas jaloux
De Myrtil, toi, hein, dis ?

SYLVANDRE, *comme frappé subitement d'une idée douloureuse.*

Tiens! la fâcheuse idée!
Mais c'est qu'oui! me voici l'âme tout obsédée...

ROSALINDE, *presque joyeuse.*

Ah, vous êtes jaloux aussi, je savais bien!

SYLVANDRE, *à part.*

Feignons encor.

(A Rosalinde.)

Je vous jure qu'il n'en est rien
Et si vraiment je suis jaloux, de quelque chose,
Le seul Myrtil du temps jadis en est la cause.

ROSALINDE

Trêve de compliments fastidieux. Je suis
Très triste, et vous aussi. Le but que je poursuis
Est le vôtre. Causons de nos deuils identiques.
Des malheureux ce sont, il paraît, les pratiques,

Cela, dit-on, console. Or nous aimons toujours
Vous Chloris, moi Myrtil, sans espoir de retours
Apparents. Entre nous la seule différence
C'est que l'on m'a trahie, et que votre souffrance
A vous tient de vous-même, et n'est qu'un châtiment.
Ai-je tort ?

SYLVANDRE

Vous lisez dans mon cœur couramment.
Chère Chloris, je t'ai méchamment méconnue!
Qui me rendra jamais ta malice ingénue,
Et ta gaîté si bonne, et ta grâce, et ton cœur ?

ROSALINDE

Et moi, par un destin bien autrement moqueur,
Je pleure après Myrtil infidèle...

SYLVANDRE

Infidèle!
Mais c'est qu'alors Chloris l'aimerait. O mort d'elle!
J'enrage et je gémis! Mais ne disiez-vous pas
Tantôt qu'elle m'aimait encore. — O cieux! là-bas,
Regardez, les voilà.

ROSALINDE

Qu'est-ce qu'ils vont se dire ?

(Ils remontent le théâtre.)

SCÈNE IX

LES PRÉCÉDENTS, CHLORIS, MYRTIL

CHLORIS

Allons, encore un peu de franchise, beau sire
Ténébreux. Avouez votre cas tout à fait.
Le silence, n'est-il pas vrai ? vous étouffait,
Et l'obligation banale où vous vous crûtes
D'imiter à tout bout de champ la voix des flûtes
Pour quelque madrigal bien fade à mon endroit
Vous étouffait, ainsi qu'un pourpoint trop étroit ?
Votre cœur qui battait pour elle dut me taire
Par politesse et par prudence son mystère;
Mais à présent que j'ai presque tout deviné,
Pourquoi continuer ce mutisme obstiné ?
Parlez d'elle, cela d'abord sera sincère.
Puis vous souffrirez moins, et s'il est nécessaire
De vous intéresser aux souffrances d'autrui,
J'ai besoin, en retour, de vous parler de lui!

MYRTIL

Eh quoi, vous aussi, vous!

CHLORIS

Moi-même, hélas! moi-même,
Puis-je encore espérer que mon bien-aimé m'aime ?
Nous étions tous les deux, Sylvandre, si bien faits

L'un pour l'autre! Quel sort jaloux, quel dieu mauvais
Fit ce malentendu cruel qui nous sépare ?
Hélas! il fut frivole encore plus que barbare
Et son esprit surtout fit que son cœur pécha.

MYRTIL

Espérez, car peut-être il se repent déjà,
Si j'en juge d'après mes remords...
(Il sanglote.)
Et mes larmes!
(Sylvandre et Rosalinde se pressent la main.)

ROSALINDE, *survenant.*

Les pleurs délicieux! Cher instant plein de charmes!

MYRTIL

C'est affreux!

CHLORIS

O douleur!

ROSALINDE, *sur la pointe du pied et très bas.*

Chloris!

CHLORIS

Vous étiez là ?

ROSALINDE

Le sort capricieux qui nous désassembla
A remis, faisant trêve à son ire inhumaine,
Sylvandre en bonnes mains, et je vous le ramène

Jurant son grand serment qu'on ne l'y prendrait plus.
Est-il trop tard ?

SYLVANDRE, *à Chloris.*

O point de refus absolus!
De grâce ayez pitié quelque peu. La vengeance
Suprême c'est d'avoir un aspect d'indulgence.
Punissez-moi sans trop de justice et daignez
Ne me point accabler de traits plus indignés
Que n'en méritent — non mes crimes — mais ma tête
Folle, mais mon cœur faible et lâche...

(Il tombe à genoux.)

CHLORIS

Êtes-vous bête ?
Relevez-vous, je suis trop heureuse à présent
Pour vous dire quoi que ce soit de déplaisant
Et je jette à ton cou chéri mes bras de lierre.
Nous nous expliquerons plus tard. (Et ma première
Querelle et mon premier reproche seront pour
L'air de doute dont tu reçus mon pauvre amour
Qui, s'il a quelques tours étourdis et frivoles,
N'en est pas moins, parmi ses apparences folles
Quelque chose de tout dévoué pour toujours.)
Donc, chassons ce nuage, et reprenons le cours
De la charmante ivresse où s'exalta notre âme.

(A Rosalinde.)

Et quant à vous, soyez sûre, bonne Madame,
De mon amitié franche — et baisez votre sœur.

(Les deux femmes s'embrassent.)

SYLVANDRE

O si joyeuse avec toute cette douceur!

ROSALINDE, *à Myrtil.*

Que diriez-vous, Myrtil, si je faisais comme elle?

MYRTIL

Dieux! elle a pardonné, clémente autant que belle.
(A Rosalinde.)
O laissez-moi baiser vos mains pieusement!

ROSALINDE

Voilà qui finit bien, et c'est un cher moment
Que celui-ci. Sans plus parler de ces tristesses,
Soyons heureux.
(A Chloris et à Sylvandre.)
Sachez enlacer vos jeunesses,
Doux amis, et joyeux que vous êtes, cueillez
La fleur rouge de vos baisers ensoleillés.
(Se tournant vers Myrtil.)
Pour nous, amants anciens sur qui gronda la vie,
Nous vous admirerons sans vous porter envie,
Ayant, nous, nos bonheurs discrets d'après-midi.
(Tous les personnages de la scène 1 reviennent se grouper comme au lever du rideau.)
Et voyez, aux rayons du soleil attiédi,
Voici tous nos amis qui reviennent des danses,
Comme pour recevoir nos belles confidences.

SCÈNE X

TOUS, *groupés comme ci-dessus.*

MEZZETIN, *chantant.*

Va, sans nul autre souci
Que de conserver ta joie!
Fripe les jupes de soie
Et goûte les vers aussi.

La morale la meilleure,
En ce monde où les plus fous
Sont les plus sages de tous,
C'est encor d'oublier l'heure.

Il s'agit de n'être point
Mélancolique et morose.
La vie est-elle une chose
Grave et réelle à ce point ?

(La toile tombe.)

JADIS ET NAGUÈRE

Jadis

PROLOGUE

En route, mauvaise troupe!
Partez, mes enfants perdus!
Ces loisirs vous étaient dus;
La Chimère tend sa croupe.

Partez, grimpés sur son dos,
Comme essaime un vol de rêves
D'un malade dans les brèves
Fleurs vagues de ses rideaux.

Ma main tiède qui s'agite,
Faible encore, mais enfin
Sans fièvre, et qui ne palpite
Plus que d'un effort divin,

Ma main vous bénit, petites
Mouches de mes soleils noirs
Et de mes nuits blanches. Vites,
Partez, petits désespoirs,

Petits espoirs, douleurs, joies,
Que dès hier renia
Mon cœur quêtant d'autres proies...
Allez, aegri somnia.

PIERROT

A Léon Valade.

Ce n'est plus le rêveur lunaire du vieil air
Qui riait aux aïeux dans les dessus de porte;
Sa gaîté, comme sa chandelle, hélas! est morte,
Et son spectre aujourd'hui nous hante, mince et clair.

Et voici que parmi l'effroi d'un long éclair
Sa pâle blouse a l'air, au vent froid qui l'emporte,
D'un linceul et sa bouche est béante de sorte
Qu'il semble hurler sous les morsures du ver.

Avec le bruit d'un vol d'oiseaux de nuit qui passe,
Ses manches blanches font vaguement par l'espace
Des signes fous auxquels personne ne répond.

Ses yeux sont deux grands trous où rampe du phos-
Et la farine rend plus effroyable encore [phore,
Sa face exsangue au nez pointu de moribond.

ART POÉTIQUE

A Charles Morice.

De la musique avant toute chose,
Et pour cela préfère l'Impair
Plus vague et plus soluble dans l'air,
Sans rien en lui qui pèse ou qui pose.

Il faut aussi que tu n'ailles point
Choisir tes mots sans quelque méprise :
Rien de plus cher que la chanson grise
Où l'Indécis au Précis se joint.

C'est des beaux yeux derrière des voiles,
C'est le grand jour tremblant de midi,
C'est par un ciel d'automne attiédi,
Le bleu fouillis des claires étoiles!

Car nous voulons la Nuance encor,
Pas la Couleur, rien que la nuance!
Oh! la nuance seule fiance
Le rêve au rêve et la flûte au cor!

Fuis du plus loin la Pointe assassine,
L'Esprit cruel et le Rire impur,
Qui font pleurer les yeux de l'Azur,
Et tout cet ail de basse cuisine!

Prends l'éloquence et tords-lui son cou!
Tu feras bien, en train d'énergie,
De rendre un peu la Rime assagie,
Si l'on n'y veille, elle ira jusqu'où ?

Oh! qui dira les torts de la Rime?
Quel enfant sourd ou quel nègre fou
Nous a forgé ce bijou d'un sou
Qui sonne creux et faux sous la lime ?

De la musique encore et toujours!
Que ton vers soit la chose envolée
Qu'on sent qui fuit d'une âme en allée
Vers d'autres cieux à d'autres amours.

Que ton vers soit la bonne aventure
Éparse au vent crispé du matin
Qui va fleurant la menthe et le thym...
Et tout le reste est littérature.

LE PITRE

Le tréteau qu'un orchestre emphatique secoue
Grince sous les grands pieds du maigre baladin
Qui harangue, non sans finesse et sans dédain,
Les badauds piétinant devant lui dans la boue.

Le plâtre de son front et le fard de sa joue
Font merveille. Il pérore et se tait tout soudain,
Reçoit des coups de pied au derrière, badin,
Baise au cou sa commère énorme, et fait la roue.

Ses boniments, de cœur et d'âme approuvons-les.
Son court pourpoint de toile à fleurs et ses mollets
Tournants jusqu'à l'abus valent que l'on s'arrête.

Mais ce qu'il sied à tous d'admirer, c'est surtout
Cette perruque d'où se dresse sur la tête,
Preste, une queue avec un papillon au bout.

LANGUEUR

A Georges Courteline.

Je suis l'Empire à la fin de la décadence,
Qui regarde passer les grands Barbares blancs
En composant des acrostiches indolents
D'un style d'or où la langueur du soleil danse.

L'âme seulette a mal au cœur d'un ennui dense.
Là-bas on dit qu'il est de longs combats sanglants.
O n'y pouvoir, étant si faible aux vœux si lents,
O n'y vouloir fleurir un peu cette existence!

O n'y vouloir, ô n'y pouvoir mourir un peu!
Ah! tout est bu! Bathylle, as-tu fini de rire ?
Ah! tout est bu, tout est mangé! Plus rien à dire!

Seul, un poème un peu niais qu'on jette au feu,
Seul, un esclave un peu coureur qui vous néglige,
Seul, un ennui d'on ne sait quoi qui vous afflige!

L'AUBE A L'ENVERS

A Louis Dumoulin.

Le Point-du-Jour avec Paris au large.
Des chants, des tirs, les femmes « qu'on rêvait »
La Seine claire et la foule qui fait
Sur ce poème un vague essai de charge.

On danse aussi, car tout est dans la marge
Que fait le fleuve à ce livre parfait,
Et si parfois l'on tuait ou buvait
Le fleuve est sourd et le vin est litharge.

Le Point-du-Jour, mais c'est l'Ouest de Paris!
Un calembour a béni son histoire
D'affreux baisers et d'immondes paris.

En attendant que sonne l'heure noire
Où les bateaux-omnibus et les trains
Ne partent plus, tirez, tirs, fringuez, reins!

Naguère

PROLOGUE

Ce sont choses crépusculaires,
Des visions de fin de nuit.
O Vérité, tu les éclaires
Seulement d'une aube qui luit

Si pâle dans l'ombre abhorrée
Qu'on doute encore par instants
Si c'est la lune qui les crée
Sous l'horreur des rameaux flottants

Ou si ces fantômes moroses
Vont tout à l'heure prendre corps
Et se mêler au chœur des choses
Dans les harmonieux décors

Du soleil et de la nature;
Doux à l'homme et proclamant Dieu
Pour l'extase de l'hymne pure
Jusqu'à la douceur du ciel bleu.

CRIMEN AMORIS

A Villiers de L'Isle-Adam.

Dans un palais, soie et or, dans Ecbatane,
De beaux démons, des Satans adolescents,
Au son d'une musique mahométane
Font litière aux Sept Péchés de leurs cinq sens.

C'est la fête aux Sept Péchés : oh! qu'elle est belle!
Tous les Désirs rayonnaient en feux brutaux;
Les Appétits, pages prompts que l'on harcelle,
Promenaient des vins roses dans des cristaux;

Des danses, sur des rythmes d'épithalames,
Bien doucement se pâmaient en longs sanglots
Et de beaux chœurs de voix d'hommes et de femmes
Se déroulaient, palpitaient comme des flots.

Et la bonté qui s'en allait de ces choses
Était puissante et charmante tellement
Que la campagne autour se fleurit de roses
Et que la nuit paraissait en diamants.

Or le plus beau d'entre tous ces mauvais anges
Avait seize ans. Sous sa couronne de fleurs,
Les bras croisés sur les colliers et les franges,
Il rêve, l'œil plein de flammes et de pleurs.

En vain la fête autour se faisait plus folle,
En vain les Satans, ses frères et ses sœurs,
Pour l'arracher au souci qui le désole,
L'encourageaient d'appels de bras caresseurs,

Il résistait à toutes câlineries,
Et le chagrin mettait un papillon noir
A son beau front tout chargé d'orfèvreries.
A l'immortel et terrible désespoir!

Il leur disait : « O vous, laissez-moi tranquille! »
Puis, les ayant tous baisés bien tendrement,
Il s'évada d'avec eux d'un geste agile
Leur laissant aux mains des pans de vêtement.

Le voyez-vous sur la tour la plus céleste
Du haut palais avec une torche au poing;
Il la brandit comme un héros fait d'un ceste.
D'en bas on croit que c'est une aube qui point.

Qu'est-ce qu'il dit de sa voix profonde et tendre
Qui se marie au claquement clair du feu
Et que la lune est extatique d'entendre :
« O je serai celui-là qui sera Dieu!

« Nous avons tous trop souffert, anges et hommes,
« De ce conflit entre le Pire et le Mieux.
« Humilions, misérables que nous sommes,
« Tous nos élans dans le plus simple des vœux.

« O vous tous, ô nous tous, ô les pécheurs tristes,
« O les gais Saints, pourquoi ce schisme têtu?
« Que n'avons-nous fait, en habiles artistes,
« De nos travaux la seule et même vertu!

« Assez et trop de ces luttes trop égales!
« Il va falloir qu'enfin se rejoignent les
« Sept Péchés aux Trois Vertus Théologales,
« Assez et trop de ces combats durs et laids!

« Et pour réponse à Jésus qui crut bien faire
« En maintenant l'équilibre de ce duel,
« Par moi l'Enfer dont c'est ici le repaire
« Se sacrifie à l'Amour universel! »

La torche tombe de sa main éployée,
Et l'incendie alors hurla s'élevant,
Querelle énorme d'aigles rouges noyée
Au remous noir de la fumée et du vent.

L'or fond et coule à flots et le marbre éclate,
C'est un brasier tout splendeur et tout ardeur,
La soie en courts frissons comme de la ouate
Vole à flocons tout ardeur et tout splendeur.

Et les Satans mourants chantaient dans les flammes
Ayant compris, comme ils s'étaient résignés!
Et de beaux chœurs de voix d'hommes et de femmes
Montaient parmi l'ouragan des bruits ignés.

Et lui, les bras croisés d'une sorte fière,
Les yeux au ciel où le feu monte en léchant,
Il dit tout bas une espèce de prière
Qui va mourir dans l'allégresse du chant.

Il dit tout bas une sorte de prière,
Les yeux au ciel où le feu monte en léchant.
Quand retentit un affreux coup de tonnerre,
Et c'est la fin de l'allégresse et du chant.

On n'avait pas agréé le sacrifice,
Quelqu'un de fort et de juste assurément
Sans peine avait su démêler la malice
Et l'artifice en un orgueil qui se ment.

Et du palais aux cent tours aucun vestige,
Rien ne resta dans ce désastre inouï,
Afin que par le plus effrayant prodige
Ceci ne fût qu'un vain songe évanoui...

Et c'est la nuit, la nuit bleue aux mille étoiles,
Une campagne évangélique s'étend
Sévère et douce, et, vagues comme des voiles,
Les branches d'arbre ont l'air d'aller s'agitant.

De froids ruisseaux coulent sur un lit de pierre,
Les doux hiboux nagent vaguement dans l'air
Tout embaumé de mystère et de prière;
Parfois un flot qui saute lance un éclair;

La forme molle au loin monte des collines
Comme un amour encore mal défini,
Et le brouillard qui s'essore des ravines
Semble un effort vers quelque but réuni.

Et tout cela, comme un cœur et comme une âme,
Et comme un verbe, et d'un amour virginal
Adore, s'ouvre en une extase et réclame
Le Dieu clément qui nous gardera du mal.

AMOUR

PRIÈRE DU MATIN

O Seigneur, exaucez et dictez ma prière,
Vous la pleine Sagesse et la toute Bonté.
Vous sans cesse anxieux de mon heure dernière,
Et qui m'avez aimé de toute éternité.

Car — ce bonheur terrible est tel, tel ce mystère
Miséricordieux, que, cent fois médité,
Toujours il confondit ma raison qu'il atterre, —
Oui, vous m'avez aimé de toute éternité,

Oui, votre grand souci, c'est mon heure dernière,
Vous la voulez heureuse et pour la faire ainsi
Dès avant l'univers, dès avant la lumière,
Vous préparâtes tout, ayant ce grand souci.

Exaucez ma prière après l'avoir formée
De gratitude immense et des plus humbles vœux,
Comme un poète scande une ode bien-aimée,
Comme une mère baise un fils sur les cheveux.

Donnez-moi de vous plaire, et puisque pour vous plaire
Il me faut être heureux, d'abord dans la douleur
Parmi les hommes durs sous une loi sévère,
Puis dans le ciel tout près de vous sans plus de pleur,

Tout près de vous, le Père éternel, dans la joie
Éternelle, ravi dans les splendeurs des saints,
O donnez-moi la foi très forte, que je croie
Devoir souffrir cent morts s'il plaît à vos desseins;

Et donnez-moi la foi très douce, que j'estime
N'avoir de haine juste et sainte que pour moi,
Que j'aime le pécheur en détestant son crime,
Que surtout j'aime ceux de nous encor sans foi;

Et donnez-moi la foi très humble, que je pleure
Sur l'impropriété de tant de maux soufferts,
Sur l'inutilité des grâces et sur l'heure
Lâchement gaspillée aux efforts que je perds;

Et que votre Esprit Saint qui sait toute nuance,
Rende prudent mon zèle et sage mon ardeur :
Donnez, juste Seigneur, avec la confiance,
Donnez la méfiance à votre serviteur.

Que je ne sois jamais un objet de censure
Dans l'action pieuse et le juste discours;
Enseignez-moi l'accent, montrez-moi la mesure;
D'un scandale, d'un seul, préservez mes entours;

Faites que mon exemple amène à vous connaître
Tous ceux que vous voudrez de tant de pauvres fous,
Vos enfants sans leur Père, un état sans le Maître,
Et que, si je suis bon, toute gloire aille à vous;

Et puis, et puis, quand tout des choses nécessaires,
L'homme, la patience et ce devoir dicté,
Aura fructifié de mon mieux dans vos serres,
Laissez-moi vous aimer en toute charité,

Laissez-moi, faites-moi de toutes mes faiblesses
Aimer jusqu'à la mort votre perfection,
Jusqu'à la mort des sens et de leurs mille ivresses,
Jusqu'à la mort du cœur, orgueil et passion,

Jusqu'à la mort du pauvre esprit lâche et rebelle
Que votre volonté dès longtemps appelait
Vers l'humilité sainte, éternellement belle,
Mais lui, gardait son rêve infernalement laid,

Son gros rêve éveillé de lourdes rhétoriques,
Spéculation creuse et calculs impuissants
Ronflant et s'étirant en phrases pléthoriques.
Ah! tuez mon esprit et mon cœur et mes sens!

Place à l'âme qui croie, et qui sente et qui voie
Que tout est vanité fors elle-même en Dieu;
Place à l'âme, Seigneur, marchant dans votre voie
Et ne tendant qu'au ciel, seul espoir et seul lieu!

Et que cette âme soit la servante très douce
Avant d'être l'épouse au trône non pareil.
Donnez-lui l'Oraison comme le lit de mousse
Où ce petit oiseau se baigne de soleil,

La paisible oraison comme la fraîche étable
Où cet agneau s'ébat et broute dans les coins
D'ombre et d'or quand sévit le midi redoutable
Et que juin fait crier l'insecte dans les foins,

L'oraison bien en vous, fût-ce parmi la foule,
Fût-ce dans le tumulte et l'erreur des cités.
Donnez-lui l'oraison qui sourde et d'où découle
Un ruisseau toujours clair d'austères vérités :

La mort, le noir péché, la pénitence blanche,
L'occasion à fuir et la grâce à guetter;
Donnez-lui l'oraison d'en haut et d'où s'épanche
Le fleuve amer et fort qu'il lui faut remonter :

Mortification spirituelle, épreuve
Du feu par le désir et de l'eau par le pleur
Sans fin d'être imparfaite et de se sentir veuve
D'un amour que doit seule aviver la douleur,

Sécheresses ainsi que des trombes de sable
En travers du torrent où luttent ses bras lourds,
Un ciel de plomb fondu, la soif inapaisable
Au milieu de cette eau qui l'assoiffe toujours,

Mais cette eau-là jaillit à la vie éternelle,
Et la vague bientôt porterait doucement
L'âme persévérante et mon amour fidèle
Aux pieds de votre Amour fidèle, ô Dieu clément!

La bonne mort pour quoi Vous-Même vous mourûtes
Me ressusciterait à votre éternité.
Pitié pour ma faiblesse, assistez à mes luttes
Et bénissez l'effort de ma débilité!

Pitié, Dieu pitoyable! et m'aidez à parfaire
L'œuvre de votre Cœur adorable en sauvant
L'âme que rachetaient les affres du Calvaire;
Père, considérez le prix de votre enfant.

ÉCRIT EN 1875

A Edmond Lepelletier.

J'ai naguère habité le meilleur des châteaux
Dans le plus fin pays d'eau vive et de coteaux :
Quatre tours s'élevaient sur le front d'autant d'ailes,
Et j'ai longtemps, longtemps habité l'une d'elles.
Le mur, étant de brique extérieurement,
Luisait rouge au soleil de ce site dormant,
Mais un lait de chaux, clair comme une aube qui
Tenait légèrement la voûte intérieure. [pleure,
O diane des yeux qui vont parler au cœur!
O réveil pour les sens éperdus de langueur!
Gloire des fronts d'aïeuls, orgueil jeune des branches,
Innocence et fierté des choses, couleurs blanches!
Parmi des escaliers en vrille, tout aciers
Et cuivres, luxes brefs encore émaciés,

Cette blancheur bleuâtre et si douce, à m'en croire,
Que relevait un peu la longue plinthe noire,
S'emplissait tout le jour de silence et d'air pur
Pour que la nuit y vînt rêver de pâle azur.
Une chambre bien close, une table, une chaise,
Un lit strict où l'on pût dormir juste à son aise,
Du jour suffisamment et de l'espace assez,
Tel fut mon lot durant les longs mois là passés,
Et je n'ai jamais plaint ni les mois ni l'espace,
Ni le reste, et du point de vue où je me place,
Maintenant que voici le monde de retour,
Ah! vraiment, j'ai regret aux deux ans dans la tour!
Car c'était bien la paix réelle et respectable,
Ce lit dur, cette chaise unique et cette table,
La paix où l'on aspire alors qu'on est bien soi,
Cette chambre aux murs blancs, ce rayon sobre et [coi,
Qui glissait lentement en teintes apaisées
Au lieu de ce grand jour diffus de vos croisées.
Car à quoi bon le vain appareil et l'ennui
Du plaisir, à la fin, quand le malheur a lui,
(Et le malheur est bien un trésor qu'on déterre),
Et pourquoi cet effroi de rester solitaire
Qui pique le troupeau des hommes d'à présent,
Comme si leur commerce était bien suffisant?
Questions! Donc j'étais heureux avec ma vie,
Reconnaissant de biens que nul, certes, n'envie.
(O fraîcheur de sentir qu'on n'a pas de jaloux!
O bonté d'être cru plus malheureux que tous!)
Je partageais les jours de cette solitude

Entre ces deux bienfaits, la prière, l'étude,
Que délassait un peu de travail manuel.
Ainsi les Saints! J'avais aussi ma part de ciel,
Surtout quand, revenant au jour, si proche encore,
Où j'étais ce mauvais sans plus qui s'édulcore
En la luxure lâche aux farces sans pardon,
Je pouvais supputer tout le prix de ce don :
N'être plus là, parmi les choses de la foule.
S'y dépensant, plutôt dupe, pierre qui roule,
Mais de fait un complice à tous ces noirs péchés,
N'être plus là, compter au rang des cœurs cachés,
Des cœurs discrets que Dieu fait siens dans le silence,
Sentir qu'on grandit bon et sage, et qu'on s'élance
Du plus bas au plus haut en essors bien réglés,
Humble, prudent, béni, la croissance des blés! —
D'ailleurs nuls soins gênants, nulle démarche à faire.
Deux fois le jour ou trois, un serviteur sévère
Apportait mes repas et repartait muet.
Nul bruit. Rien dans la tour jamais ne remuait
Qu'une horloge au cœur clair qui battait à coups lar-
C'était la liberté (la seule!) sans ses charges, [ges.
C'était la dignité dans la sécurité!
O lieu presque aussitôt regretté que quitté,
Château, château magique où mon âme s'est faite,
Frais séjour où se vint apaiser la tempête
De ma raison allant à vau-l'eau dans mon sang,
Château, château qui luis tout rouge et dors tout blanc,
Comme un bon fruit de qui le goût est sur mes lèvres
Et désaltère encor l'ärrière-soif des fièvres,

O sois béni, château d'où me voilà sorti
Prêt à la vie, armé de douceur et nanti
De la Foi, pain et sel et manteau pour la route
Si déserte, si rude et si longue, sans doute...

Stickney, Angleterre.

UN CONTE

A J.-K. Huysmans.

Simplement, comme on verse un parfum sur une
[flamme
Et comme un soldat répand son sang pour la patrie,
Je voudrais pouvoir mettre mon cœur avec mon âme
Dans un beau cantique à la sainte Vierge Marie.

Mais je suis, hélas! un pauvre pécheur trop indigne,
Ma voix hurlerait parmi le chœur des voix des justes :
Ivre encor du vin amer de la terrestre vigne,
Elle pourrait offenser des oreilles augustes.

Il faut un cœur pur comme l'eau qui jaillit des roches,
Il faut qu'un enfant vêtu de lin soit notre emblème
Qu'un agneau bêlant n'éveille en nous aucuns repro-
[ches,
Que l'innocence nous ceigne un brûlant diadème,

Il faut tout cela pour oser dire vos louanges,
O vous Vierge Mère, ô vous Marie Immaculée,
Vous blanche à travers les battements d'ailes des
Qui posez vos pieds sur notre terre consolée. [anges

Du moins je ferai savoir à qui voudra l'entendre
Comment il advint qu'une âme des plus égarées,
Grâce à ces regards cléments de votre gloire tendre,
Revint au bercail des Innocences ignorées.

Innocence, ô belle après l'Ignorance inouïe,
Eau claire du cœur après le feu vierge de l'âme,
Paupière de grâce sur la prunelle éblouie,
Désaltèrement du cerf rompu d'amour qui brame!

Ce fut un amant dans toute la force du terme :
Il avait connu toute la chair, infâme ou vierge,
Et la profondeur monstrueuse d'un épiderme,
Et le sang d'un cœur, cire vermeille pour son cierge!

Ce fut un athée, et qui poussait loin sa logique,
Tout en méprisant les fadaises qu'elle autorise,
Et comme un forçat qui remâche une vieille chique
Il aimait le jus flasque de la mécréantise.

Ce fut un brutal, ce fut un ivrogne des rues,
Ce fut un mari comme on en rencontre aux barrières;
Bon que les amours premières fussent disparues,
Mais cela n'excuse en rien l'excès de ses manières.

Ce fut, et quel préjudice! un Parisien fade,
Vous savez, de ces provinciaux cent fois plus pires
Qui prennent au sérieux la plus sotte cascade
Sans s'apercevoir, ô leur âme, que tu respires;

Race de théâtre et de boutique dont les vices
Eux-mêmes, avec leur odeur rance et renfermée,
Lèveraient le cœur à des sauvages leurs complices,
Race de trottoir, race d'égout et de fumée!

Enfin un sot, un infatué de ce temps bête
(Dont l'esprit au fond consiste à boire de la bière)
Et par-dessus tout une folle tête inquiète,
Un cœur à tous vents, vraiment mais vilement sincère.

Mais sans doute, et moi j'inclinerais fort à le croire,
Dans quelque coin bien discret et sûr de ce cœur
Il avait gardé comme qui dirait la mémoire [même,
D'avoir été ces petits enfants que Jésus aime.

Avait-il, — et c'est vraiment plus vrai que vraisembla-
Conservé, dans le sanctuaire de sa cervelle, [ble, —
Votre nom, Marie, et votre titre vénérable,
Comme un mauvais prêtre ornerait encor sa chapelle?

Ou tout bonnement peut-être qu'il était encore,
Malgré tout son vice et tout son crime et tout le reste,
Cet homme très simple qu'au moins sa candeur décore
En comparaison d'un monde autour que Dieu déteste.

Toujours est-il que ce grand pécheur eut des conduites
Folles à ce point d'en devenir trop maladroites,
Si bien que les tribunaux s'en mirent, — et les suites.
Et le voyez-vous dans la plus étroite des boîtes ?

Cellules! Prisons humanitaires! Il faut taire
Votre horreur fadasse et ce progrès d'hypocrisie...
Puis il s'attendrit, il réfléchit. Par quel mystère
O Marie, ô vous, de toute éternité choisie ?

Puis il se tourna vers votre Fils et vers Sa Mère.
O qu'il fut heureux, mais là, promptement, tout de
[suite!
Que de larmes, quelle joie, ô Mère! et pour vous plaire,
Tout de suite aussi le voilà qui bien vite quitte

Tout cet appareil d'orgueil et de pauvres malices,
Ce qu'on nomme esprit et ce qu'on nomme la Science,
Et les rires et les sourires où tu te plisses,
Lèvre des petits exégètes de l'incroyance!

Et le voilà qui s'agenouille et, bien humble, égrène
Entre ses doigts fiers les grains enflammés du Rosaire,
Implorant de Vous, la Mère, et la Sainte, et la Reine,
L'affranchissement d'être ce charnel, ô misère!

O qu'il voudrait bien ne plus savoir plus rien du
Qu'adorer obscurément la mystique sagesse, [monde
Qu'aimer le cœur de Jésus dans l'extase profonde,
De penser à vous en même temps pendant la Messe.

O faites cela, faites cette grâce à cette âme,
O vous, Vierge Mère, à vous, Marie Immaculée,
Toute en argent parmi l'argent de l'épithalame,
Qui posez vos pieds sur notre terre consolée.

BOURNEMOUTH

A Francis Poictevin.

Le long bois de sapins se tord jusqu'au rivage,
L'étroit bois de sapins, de lauriers et de pins,
Avec la ville autour déguisée en village :
Chalets éparpillés, rouges dans le feuillage
Et les blanches villas des stations de bains.

Le bois sombre descend d'un plateau de bruyère,
Va, vient, creuse un vallon, puis monte vert et noir
Et redescend en fins bosquets où la lumière
Filtre et dore l'obscur sommeil du cimetière
Qui s'étage bercé d'un vague nonchaloir.

A gauche, la tour lourde (elle attend une flèche)
Se dresse d'une église invisible d'ici,
L'estacade très loin; haute, la tour, et sèche :
C'est bien l'anglicanisme impérieux et rêche
A qui l'essor du cœur vers le ciel manque aussi.

Il fait un de ces temps ainsi que je les aime,
Ni brume ni soleil! le soleil deviné,
Pressenti, du brouillard mourant dansant à même
Le ciel très haut qui tourne et fuit, rose de crème;
L'atmosphère est de perle et la mer d'or fané.

De la tour protestante il part un chant de cloche,
Puis deux et trois et quatre, et puis huit à la fois,
Instinctive harmonie allant de proche en proche,
Enthousiasme, joie, appel, douleur, reproche,
Avec de l'or, du bronze et du feu dans la voix;

Bruit immense et bien doux que le long bois écoute!
La Musique n'est pas plus belle. Cela vient
Lentement sur la mer qui chante et frémit toute,
Comme sous une armée au pas sonne une route
Dans l'écho qu'un combat d'avant-garde retient.

La sonnerie est morte. Une rouge traînée
De grands sanglots palpite et s'éteint sur la mer.
L'éclair froid d'un couchant de la nouvelle année
Ensanglante là-bas la ville couronnée
De nuit tombante, et vibre à l'ouest encore clair.

Le soir se fonce. Il fait glacial. L'estacade
Frissonne et le ressac a gémi dans son bois
Chanteur, puis est tombé lourdement en cascade
Sur un rythme brutal comme l'ennui maussade
Qui martelait mes jours coupables d'autrefois :

Solitude du cœur dans le vide de l'âme,
Le combat de la mer et des vents de l'hiver,
L'Orgueil vaincu, navré, qui râle et qui déclame,
Et cette nuit où rampe un guet-apens infâme,
Catastrophe flairée, avant-goût de l'Enfer!...

Voici trois tintements comme trois coups de flûtes,
Trois encor, trois encor! l'Angélus oublié
Se souvient, le voici qui dit : Paix à ces luttes!
Le Verbe s'est fait chair pour relever tes chutes,
Une vierge a conçu, le monde est délié!

Ainsi Dieu parle par la voix de Sa chapelle
Sise à mi-côte à droite et sur le bord du bois...
O Rome, ô Mère! Cri, geste qui nous rappelle
Sans cesse au bonheur seul et donne au cœur rebelle
Et triste le conseil pratique de la Croix.

— La nuit est de velours. L'estacade laissée
Tait par degrés son bruit sous l'eau qui refluait,
Une route assez droite heureusement tracée
Guide jusque chez moi ma retraite pressée
Dans ce noir absolu sous le long bois muet.

Janvier 1877.

THERE

A Émile Le Brun.

« Angels », seul coin luisant dans ce Londres du soir,
Où flambe un peu de gaz et jase quelque foule,
C'est drôle que, semblable à tel très dur espoir,
Ton souvenir m'obsède et puissamment enroule
Autour de mon esprit un regret rouge et noir :

Devantures, chansons, omnibus et les danses
Dans le demi-brouillard où flue un goût de rhum,
Décence, toutefois, le souci des cadences,
Et même dans l'ivresse un certain décorum,
Jusqu'à l'heure où la brume et la nuit se font denses.

« Angels »! jours déjà loin, soleils morts, flots taris;
Mes vieux péchés longtemps ont rôdé par tes voies.
Tout soudain rougissant, misère! et tout surpris
De se plaire vraiment à tes honnêtes joies,
Eux pour tout le contraire arrivés de Paris!

Souvent l'incompressible Enfance ainsi se joue,
Fût-ce dans ce rapport infinitésimal,
Du monstre intérieur qui nous crispe la joue
Au froid ricanement de la haine et du mal,
Où gonfle notre lèvre amère en lourde moue.

L'Enfance baptismale émerge du pécheur,
Inattendue, alerte, et nargue ce farouche
D'un sourire non sans franchise ou sans fraîcheur,
Qui vient, quoi qu'il en ait, se poser sur sa bouche
A lui, par un prodige exquisement vengeur.

C'est la Grâce qui passe aimable et nous fait signe
O la simplicité primitive, elle encor!
Cher recommencement bien humble! Fuite insigne
De l'heure vers l'azur mûrisseur de fruits d'or!
« Angels! » ô nom *revu,* calme et frais comme un
[cygne!

A MADAME X...

En lui envoyant une pensée

Au temps où vous m'aimiez (bien sûr ?)
Vous m'envoyâtes, fraîche éclose,
Une chère petite rose,
Frais emblème, message pur.

Elle disait en son langage
Les « serments du premier amour » :
Votre cœur à moi pour toujours
Et toutes les choses d'usage.

Trois ans sont passés. Nous voilà!
Mais moi j'ai gardé la mémoire
De votre rose, et c'est ma gloire
De penser encore à cela.

Hélas! si j'ai la souvenance,
Je n'ai plus la fleur, ni le cœur!
Elle est aux quatre vents, la fleur.
Le cœur? mais, voici que j'y pense.

Fut-il mien jamais? entre nous?
Moi, le mien bat toujours le même,
Il est toujours simple. Un emblème
A mon tour. Dites, voulez-vous

Que, tout pesé, je vous envoie,
Triste sélam, mais c'est ainsi,
Cette pauvre négresse-ci?
Elle n'est pas couleur de joie,

Mais elle est couleur de mon cœur;
Je l'ai cueillie à quelque fente
Du pavé captif que j'arpente
En ce lieu de juste douleur.

A-t-elle besoin d'autres preuves?
Acceptez-la pour le plaisir.
J'ai tant fait que de la cueillir,
Et c'est presque une fleur-des-veuves.

1873.

UN VEUF PARLE

Je vois un groupe sur la mer.
Quelle mer ? Celle de mes larmes.
Mes yeux mouillés de vent amer
Dans cette nuit d'ombre et d'alarmes
Sont deux étoiles sur la mer.

C'est une toute jeune femme
Et son enfant déjà tout grand
Dans une barque où nul ne rame,
Sans mât ni voile, en plein courant...
Un jeune garçon, une femme!

En plein courant dans l'ouragan!
L'enfant se cramponne à sa mère

Qui ne sait plus où, non plus qu'en...,
Ni plus rien, et qui, folle, espère
En le courant, en l'ouragan.

Espérez en Dieu, pauvre folle,
Crois en notre Père, petit.
La tempête qui vous désole,
Mon cœur de là-haut vous prédit
Qu'elle va cesser, petit, folle!

Et paix au groupe sur la mer,
Sur cette mer de bonnes larmes!
Mes yeux joyeux dans le ciel clair,
Par cette nuit sans plus d'alarmes,
Sont deux bons anges sur la mer.

A LOUIS II DE BAVIÈRE

Roi, le seul vrai roi de ce siècle, salut, Sire,
Qui voulûtes mourir vengeant votre raison
Des choses de la politique, et du délire
De cette Science intruse dans la maison,

De cette Science assassin de l'Oraison
Et du Chant et de l'Art et de toute la Lyre,
Et simplement et plein d'orgueil en floraison
Tuâtes en mourant, salut, Roi, bravo, Sire!

Vous fûtes un poète, un soldat, le seul Roi
De ce siècle où les rois se font si peu de chose,
Et le martyr de la Raison selon la Foi.

Salut à votre très unique apothéose,
Et que votre âme ait son fier cortège, or et fer,
Sur un air magnifique et joyeux de Wagner.

A FERNAND LANGLOIS

Vous vous êtes penché sur ma mélancolie,
Non comme un indiscret, non comme un curieux,
Et vous avez surpris la clef de ma folie,
Tel un consolateur attentif et pieux;

Et vous avez ouvert doucement ma serrure,
Y mettant tout le temps, non ainsi qu'un voleur,
Mais ainsi que quelqu'un qui préserve et rassure
Un triste possesseur peut-être recéleur.

Soyez aimé d'un cœur plus veuf que toutes veuves,
Qui n'avait plus personne en qui pleurer vraiment,
Soyez béni d'une âme errant au bord des fleuves
Consolateurs si mal avec leur air dormant;

Que soient suivis des pas d'un but à la dérive
Hier encor, vos pas eux-mêmes tristes, ô
Si tristes, mais que si bien tristes! et que vive
Encore, alors! mais par vous pour Dieu, ce roseau,

Cet oiseau, ce roseau sous cet oiseau, ce blême
Oiseau sur ce pâle roseau fleuri jadis,
Et pâle et sombre, spectre et sceptre noir : Moi-même!
Surrexit hodie, non plus de : *de profundis*.

Fiat! La défaillance a fini. Le courage
Revient. Sur votre bras permettez qu'appuyé
Je marche en la fraîcheur de l'expirant orage,
Moi-même comme qui dirait défoudroyé.

Là, je vais mieux. Tantôt le calme s'en va naître.
Il naît. Si vous voulez, allons à petits pas,
Devisant de la vie et d'un bonheur peut-être,
Non, sans doute, impossible, en somme, n'est-ce pas?

Oui, causons de bonheur, mais vous? pourquoi si triste
Vous aussi? Vous si jeune et si triste, ô pourquoi,
Dites? Mais cela vous regarde, et si j'insiste
C'est uniquement pour vous plaire et non pour moi.

Discrétion sans borne, immense sympathie!
C'est l'heure précieuse, elle est unique, elle est
Angélique. Tantôt l'avez-vous pressentie?
Avez-vous comme su — moi je l'ai — qu'il fallait

Peut-être bien, sans doute, et quoique, et puisque, en
Éprouvant tant d'estime et combien de pitié, [somme
Laisser monter en nous, fleur suprême de l'homme,
Franchement, largement, simplement, l'Amitié.

A VICTOR HUGO

EN LUI ENVOYANT « SAGESSE »

Nul parmi vos flatteurs d'aujourd'hui n'a connu
Mieux que moi la fierté d'admirer votre gloire :
Votre nom m'enivrait comme un nom de victoire,
Votre œuvre, je l'aimais d'un amour ingénu.

Depuis, la Vérité m'a mis le monde à nu.
J'aime Dieu, son Église, et ma vie est de croire
Tout ce que vous tenez, hélas! pour dérisoire,
Et j'abhorre en vos vers le Serpent reconnu.

J'ai changé. Comme vous. Mais d'une autre manière.
Tout petit que je suis, j'avais aussi le droit
D'une évolution, la bonne, la dernière.

Or, je sais la louange, ô maître, que vous doit
L'enthousiasme ancien; la voici franche, pleine,
Car vous me fûtes doux en des heures de peine.

1881.

PARABOLES

Soyez béni, Seigneur, qui m'avez fait chrétien
Dans ces temps de féroce ignorance et de haine;
Mais donnez-moi la force et l'audace sereine
De vous être à toujours fidèle comme un chien,

De vous être l'agneau destiné qui suit bien
Sa mère et ne sait faire au pâtre aucune peine,
Sentant qu'il doit sa vie encore, après sa laine,
Au maître, quand il veut utiliser ce bien,

Le poisson, pour servir au Fils de monogramme,
L'ânon obscur qu'un jour en triomphe il monta,
Et dans ma chair, les porcs qu'à l'abîme il jeta.

Car l'animal, meilleur que l'homme et que la femme,
En ces temps de révolte et de duplicité,
Fait son humble devoir avec simplicité.

PENSÉE DU SOIR

A Ernest Raynaud.

Couché dans l'herbe pâle et froide de l'exil,
Sous les ifs et les pins qu'argente le grésil,
Ou bien errant, semblable aux formes que suscite
Le rêve, par l'horreur du paysage scythe,
Tandis qu'autour, pasteurs de troupeaux fabuleux,
S'effarouchent les blancs Barbares aux yeux bleus,
Le poète de l'art d'Aimer, le tendre Ovide
Embrasse l'horizon d'un long regard avide
Et contemple la mer immense tristement.

Le cheveu pousse rare et gris que le tourment
Des bises va mêlant sur le front qui se plisse,
L'habit troué livrant la chair au froid, complice,
Sous l'aigreur du sourcil tordu l'œil terne et las,
La barbe épaisse, inculte et presque blanche, hélas!

Tous ces témoins qu'il faut d'un deuil expiatoire
Disent une sinistre et lamentable histoire
D'amour excessif, d'âpre envie et de fureur
Et quelque responsabilité d'Empereur.
Ovide morne pense à Rome et puis encore
A Rome que sa gloire illusoire décore.

Or, Jésus! vous m'avez justement obscurci :
Mais n'étant pas Ovide, au moins je suis ceci.

PAYSAGES

Au pays de mon père on voit des bois sans nombre.
Là des loups font parfois luire leurs yeux dans l'om-
Et la myrtille est noire au pied du chêne vert. [bre
Noire de profondeur, sur l'étang découvert,
Sous la bise soufflant balsamiquement dure
L'eau saute à petits flots, minéralement pure.
Les villages de pierre ardoisière aux toits bleus
Ont leur pacage et leur labourage autour d'eux.
Du bétail non pareil s'y fait des chairs friandes
Sauvagement un peu parmi les hautes viandes;
Et l'habitant, grâce à la Foi sauve, est heureux.
Au pays de ma mère est un sol plantureux
Où l'homme, doux et fort, vit prince de la plaine
De patients travaux pour quelles moissons pleine,
Avec, rares, des bouquets d'arbres et de l'eau.
L'industrie a sali par places ce tableau

De paix patriarcale et de campagne dense
Et compromis jusqu'à des points cette abondance,
Mais l'ensemble est resté, somme toute, très bien.
Le peuple est froid et chaud, non sans un fond chré-
Belle, très au-dessus de toute la contrée, [tien.
Se dresse éperdument la tour démesurée
D'un gothique beffroi sur le ciel balancé,
Attestant les devoirs et les droits du passé,
Et tout en haut de lui le grand lion de Flandre
Hurle en cris d'or dans l'air moderne : « Osez les
[prendre! »

Le pays de mon rêve est un site charmant
Qui tient des deux aspects décrits précédemment :
Quelque âpreté se mêle aux saveurs géorgiques.
L'amour et le loisir même sont énergiques,
Calmes, équilibrés sur l'ordre et le devoir.
La vierge en général s'abstient du nonchaloir
Dangereux aux vertus, et l'amant qui la presse
A coutume avant tout d'éviter la paresse
Où le vice puisa ses armes en tout temps,
Si bien qu'en mon pays tous les cœurs sont contents,
Sont, ou plutôt étaient.
Au cœur ou dans la tête,
La tempête est venue. Est-ce bien la tempête?
En tout cas, il y eut de la grêle et du feu,
Et la misère, et comme un abandon de Dieu.
La mortalité fut sur les mères taries
Des troupeaux rebutés par l'herbe des prairies

Et les jeunes sont morts après avoir langui
D'un sort qu'on croyait parti d'où, jeté par qui ?
Dans les champs ravagés la terre diluée
Comme une pire mer flotte en une buée.
Des arbres détrempés les oiseaux sont partis,
Laissant leurs nids et des squelettes de petits.
D'amours de fiancés, d'union des ménages
Il n'est plus question dans mes tristes parages.
Mais la croix des clochers doucement toujours luit,
Dans les cages plus d'une cloche encor bruit,
Et, béni signal d'espérance et de refuge,
L'arc-en-ciel apparaît comme après le déluge.

LUCIEN LÉTINOIS

... Car vraiment j'ai souffert beaucoup!
Débusqué, traqué comme un loup
Qui n'en peut plus d'errer en chasse
Du bon repos, du sûr abri,
Et qui fait des bonds de cabri
Sous les coups de toute une race.

La Haine et l'Envie et l'Argent,
Bons limiers au flair diligent,
M'entourent, me serrent. Ça dure
Depuis des jours, depuis des mois,
Depuis des ans! Dîner d'émois,
Souper d'effrois, pitance dure!

Mais, dans l'horreur du bois natal,
Voici le Lévrier fatal,
La Mort. — Ah! la bête et la brute! —
Plus qu'à moitié mort, moi, la Mort
Pose sur moi sa patte et mord
Ce cœur, sans achever la lutte!

Et je reste sanglant, tirant
Mes pas saignants vers le torrent
Qui hurle à travers mon bois chaste.
Laissez-moi mourir au moins, vous,
Mes frères pour de bon, les Loups! —
Que ma sœur, la Femme, dévaste.

O la Femme! Prudent, sage, calme ennemi,
N'exagérant jamais ta victoire à demi,
Tuant tous les blessés, pillant tout le butin,
Et répandant le fer et la flamme au lointain,
Ou bon ami, peu sûr mais tout de même bon,
Et doux, trop doux souvent, tel un feu de charbon
Qui berce le loisir, vous l'amuse et l'endort,
Et parfois induit le dormeur en telle mort
Délicieuse par quoi l'âme meurt aussi!
Femme à jamais quittée, ô oui! reçois ici,
Non sans l'expression d'un injuste regret,
L'insulte d'un qu'un seul remords ramènerait.
Mais comme tu n'as pas de remords plus qu'un if
N'a d'ombre vive, c'est l'adieu définitif,
Arbre fatal sous quoi gît mal l'Humanité,
Depuis Éden pour jusqu'à Ce Jour Irrité.

J'ai la fureur d'aimer. Mon cœur si faible est fou.
N'importe quand, n'importe quel et n'importe où,
Qu'un éclair de beauté, de vertu, de vaillance
Luise, il s'y précipite, il y vole, il s'y lance,
Et, le temps d'une étreinte, il embrasse cent fois
L'être ou l'objet qu'il a poursuivi de son choix;
Puis, quand l'illusion a replié son aile,
Il revient triste et seul bien souvent, mais fidèle,
Et laissant aux ingrats quelque chose de lui,
Sang ou chair. Mais, sans plus mourir dans son ennui,
Il embarque aussitôt pour l'île des Chimères
Et n'en apporte rien que des larmes amères
Qu'il savoure, et d'affreux désespoirs d'un instant,
Puis rembarque.
— Il est brusque et volontaire tant
Qu'en ses courses dans les infinis il arrive,
Navigateur têtu, qu'il va droit à la rive,
Sans plus s'inquiéter que s'il n'existait pas
De l'écueil proche qui met son esquif à bas.
Mais lui, fait de l'écueil un tremplin et dirige
Sa nage vers le bord. L'y voilà. Le prodige
Serait qu'il n'eût pas fait avidement le tour,

Du matin jusqu'au soir et du soir jusqu'au jour,
Et le tour et le tour encor du promontoire,
Et rien! Pas d'arbres ni d'herbes, pas d'eau pour
La faim, la soif, et les yeux brûlés de soleil, [boire,
Et nul vestige humain et pas un cœur pareil!
Non pas à lui, — jamais il n'aura son semblable, —
Mais un cœur d'homme, un cœur vivant, un cœur
[palpable,
Fût-il faux, fût-il lâche, un cœur! quoi, pas un cœur!
Il attendra, sans rien perdre de sa vigueur
Que la fièvre soutient et l'amour encourage,
Qu'un bateau montre un bout de mât dans ce parage,
Et fera des signaux qui seront aperçus,
Tel il raisonne. Et puis fiez-vous là-dessus! —
Un jour il restera non vu, l'étrange apôtre.
Mais que lui fait la mort, sinon celle d'un autre?
Ah, ses morts! Ah, ses morts, mais il est plus mort
Quelque fibre toujours de son esprit fougeux [qu'eux!
Vit dans leur fosse et puise une tristesse douce;
Il les aime comme un oiseau son nid de mousse;
Leur mémoire est son cher oreiller, il y dort,
Il rêve d'eux, les voit, cause avec et n'en sort
Plein d'eux que pour encor quelque effrayante affaire.
J'ai la fureur d'aimer. Qu'y faire? Ah, laisser faire!

La Belle au Bois dormait. Cendrillon sommeillait.
Madame Barbe-bleue ? elle attendait ses frères,
Et le Petit Poucet, loin de l'ogre si laid,
Se reposait sur l'herbe en chantant des prières.

L'Oiseau couleur-de-temps planait dans l'air léger
Qui caresse la feuille au sommet des bocages
Très nombreux, tout petits, et rêvant d'ombrager
Semaille, fenaison, et les autres ouvrages.

Les fleurs des champs, les fleurs innombrables des [champs,
Plus belles qu'un jardin où l'Homme a mis ses tailles,
Ses coupes et son goût à lui, — les fleurs des gens! —
Flottaient comme un tissu très fin dans l'or des pailles.

Et, fleurant simple, ôtaient au vent sa crudité,
Au vent fort mais alors atténué, de l'heure
Où l'après-midi va mourir. Et la bonté
Du paysage au cœur disait : Meurs ou demeure!

Les blés encore verts, les seigles déjà blonds
Accueillaient l'hirondelle en leur flot pacifique.
Un tas de voix d'oiseaux criait vers les sillons
Si doucement qu'il ne faut pas d'autre musique...

Peau-d'Ane rentre. On bat la retraite — écoutez! —
Dans les États voisins de Riquet-à-la-Houppe,
Et nous joignons l'auberge, enchantés, esquintés,
Le bon coin où se coupe et se trempe la soupe!

PARALLÈLEMENT

ALLÉGORIE

Un très vieux temple antique s'écroulant!
Sur le sommet indécis d'un mont jaune,
Ainsi qu'un roi déchu pleurant son trône,
Se mire, pâle, au tain d'un fleuve lent.

Grâce endormie et regard somnolent,
Une naïade âgée, auprès d'un aulne,
Avec un brin de saule agace un faune
Qui lui sourit, bucolique et galant.

Sujet naïf et fade qui m'attristes,
Dis, quel poète entre tous les artistes,
Quel ouvrier morose t'opéra,

Tapisserie usée et surannée,
Banale comme un décor d'opéra,
Factice, hélas! comme ma destinée?

SAPHO

Furieuse, les yeux caves et les seins roides,
Sapho, que la langueur de son désir irrite,
Comme une louve court le long des grèves froides.

Elle songe à Phaon, oublieuse du Rite,
Et, voyant à ce point ses larmes dédaignées,
Arrache ses cheveux immenses par poignées;

Puis elle évoque, en des remords sans accalmies,
Ces temps où rayonnait, pure, la jeune gloire
De ses amours chantés en vers que la mémoire
De l'âme va redire aux vierges endormies :

Et voilà qu'elle abat ses paupières blêmies
Et saute dans la mer où l'appelle la Moire, —
Tandis qu'au ciel éclate, incendiant l'eau noire,
La pâle Séléné qui venge les Amies.

FILLE

« Capellos de Angelos. »
(*Friandise espagnole.*)

C'est une laide de Boucher
Sans poudre dans sa chevelure,
Follement blonde et d'une allure
Vénuste à tous nous débaucher.

Mais je la crois mienne entre tous,
Cette crinière tant baisée,
Cette cascatelle embrasée
Qui m'allume par tous les bouts.

Elle est à moi bien plus encor
Comme une flamboyante enceinte
Aux entours de la porte sainte,
L'alme, la dive toison d'or!

Et qui pourrait dire ce corps
Sinon moi, son chantre et son prêtre,
Et son esclave humble et son maître
Qui s'en damnerait sans remords,

Son cher corps rare, harmonieux,
Suave, blanc comme une rose
Blanche, blanc de lait pur, et rose
Comme un lis sous de pourpres cieux?

Cuisses belles, seins redressants,
Le dos, les reins, le ventre, fête
Pour les yeux et les mains en quête
Et pour la bouche et tous les sens?

Mignonne, allons voir si ton lit
A toujours sous le rideau rouge
L'oreiller sorcier qui tant bouge
Et les draps fous. O vers ton lit!

AUBURN

Et des châtaignes aussi.
(*Chanson de Malbrouk.*)

Tes yeux, tes cheveux indécis,
L'arc mal précis de tes sourcils,
La fleur pâlotte de ta bouche,
Ton corps vague et pourtant dodu,
Te donnent un air un peu farouche
A qui tout mon hommage est dû.

Mon hommage, ah, parbleu, tu l'as.
Tous les soirs, quels joie et soulas,
O ma très sortable châtaine,
Quand vers mon lit tu viens, les seins
Roides, et quelque peu hautaine,
Sûre de mes humbles desseins.

Les seins roides sous la chemise,
Fière de la fête promise
A tes sens partout et longtemps.
Heureuse de savoir ma lèvre,
Ma main, mon tout, impénitents
De ces péchés qu'un fol s'en sèvre!

Sûre de baisers savoureux
Dans le coin des yeux, dans le creux
Des bras et sur le bout des mammes,
Sûre de l'agenouillement
Vers ce buisson ardent des femmes
Follement, fanatiquement!

Et hautaine puisque tu sais
Que ma chair adore à l'excès
Ta chair et que tel est ce culte
Qu'après chaque mort, — quelle mort! —
Elle renaît, dans quel tumulte!
Pour mourir encore et plus fort.

Oui, ma vague, sois orgueilleuse,
Car radieuse ou sourcilleuse,
Je suis ton vaincu, tu m'as tien :
Tu me roules comme la vague
Dans un délice bien païen,
Et tu n'es pas déjà si vague?

IMPRESSION FAUSSE

Dame souris trotte,
Noire dans le gris du soir,
Dame souris trotte
Grise dans le noir.

On sonne la cloche,
Dormez, les bons prisonniers.
On sonne la cloche :
Faut que vous dormiez.

Pas de mauvais rêves,
Ne pensez qu'à vos amours,
Pas de mauvais rêve :
Les belles toujours!

Le grand clair de lune!
On ronfle ferme à côté.
Le grand clair de lune
En réalité!

Un nuage passe,
Il fait noir comme en un four.
Un nuage passe.
Tiens, le petit jour!

Dame souris trotte,
Rose dans les rayons bleus,
Dame souris trotte :
Debout, paresseux!

AUTRE

La cour se fleurit de souci
Comme le front
De tous ceux-ci
Qui vont en rond
En flageolant sur leur fémur
Débilité
Le long du mur
Fou de clarté.

Tournez, Samsons sans Dalila,
Sans Philistin,
Tournez bien la
Meule au destin.
Vaincu risible de la loi,
Mouds tour à tour
Ton cœur, ta foi
Et ton amour!

Ils vont! et leurs pauvres souliers
Font un bruit sec,
Humiliés,
La pipe au bec.
Pas un mot ou bien le cachot,
Pas un soupir.
Il fait si chaud
Qu'on croit mourir.

J'en suis de ce cirque effaré,
Soumis d'ailleurs
Et préparé
A tous malheurs.
Et pourquoi si j'ai contristé
Ton vœu têtu,
Société,
Me choieras-tu?

Allons, frères, bons vieux voleurs,
Doux vagabonds,
Filous en fleur,
Mes chers, mes bons,
Fumons philosophiquement,
Promenons-nous
Paisiblement :
Rien faire est doux.

RÉVERSIBILITÉS

Totus in maligno positus.

Entends les pompes qui font
    Le cri des chats.
Des sifflets viennent et vont
    Comme en pourchas.
Ah, dans ces tristes décors
Les Déjàs sont les Encors!

O les vagues Angélus!
    (Qui viennent d'où?)
Vois s'allumer les Saluts
    Du fond d'un trou.
Ah, dans ces mornes séjours
Les Jamais sont les Toujours!

Quels rêves épouvantés,
Vous grands murs blancs!
Que de sanglots répétés,
Fous ou dolents
Ah, dans ces piteux retraits
Les Toujours sont les Jamais!

Tu meurs doucereusement,
Obscurément,
Sans qu'on veuille, ô cœur aimant,
Sans testament!
Ah! dans ces deuils sans rachats
Les Encors sont les Déjàs!

A LA MANIÈRE DE PAUL VERLAINE

C'est à cause du clair de la lune
Que j'assume ce masque nocturne
Et de Saturne penchant son urne
Et de ces lunes l'une après l'une.

Des romances sans paroles ont,
D'un accord discord ensemble et frais,
Agacé ce cœur fadasse exprès,
O le son, le frisson qu'elles ont!

Il n'est pas que vous n'ayez fait grâce
A quelqu'un qui vous jetait l'offense :
Or, moi, je pardonne à mon enfance
Revenant fardée et non sans grâce.

Je pardonne à ce mensonge-là
En faveur, en somme, du plaisir
Très banal drôlement qu'un loisir
Douloureux un peu m'inocula.

L'IMPUDENT

La misère et le mauvais œil,
Soit dit sans le calomnier,
Ont fait à ce monstre d'orgueil
Une âme de vieux prisonnier.

Oui, jettatore, oui, le dernier
Et le premier des gueux en deuil
De l'ombre même d'un denier
Qu'ils poursuivront jusqu'au cercueil.

Son regard mûrit les enfants.
Il a des refus triomphants.
Même il est bête à sa façon.

Beautés passant, au lieu de sous,
Faites à ce mauvais garçon
L'aumône seulement — de vous.

BALLADE DE LA VIE EN ROUGE

L'un toujours vit la vie en rose,
Jeunesse qui n'en finit plus,
Seconde enfance moins morose,
Ni vœux, ni regrets superflus.
Ignorant tout flux et reflux,
Ce sage pour qui rien ne bouge
Règne instinctif : tel un phallus.
Mais moi je vois la vie en rouge.

L'autre ratiocine et glose
Sur des modes irrésolus,
Soupesant, pesant chaque chose
De mains gourdes aux lourds calus.
Lui faudrait du temps tant et plus
Pour se risquer hors de son bouge.
Le monde est gris à ce reclus.
Mais moi je vois la vie en rouge.

Lui, cet autre, alentour il ose
Jeter des regards bien voulus,
Mais, sur quoi que son œil se pose,
Il s'exaspère où tu te plus,
Œil des philanthropes joufflus ;
Tout lui semble noir, vierge ou gouge,
Les hommes, vins bus, livres lus.
Mais moi, je vois la vie en rouge.

ENVOI

Prince et princesse, allez, élus,
En triomphe par la route où je
Trime d'ornières en talus,
Mais moi, je vois la vie en rouge.

MAINS

Ce ne sont pas des mains d'altesse,
De beau prélat quelque peu saint,
Pourtant une délicatesse
Y laisse son galbe succinct.

Ce ne sont pas des mains d'artiste,
De poète, proprement dit,
Mais quelque chose comme triste
En fait comme un groupe en petit ;

Car les mains ont leur caractère,
C'est tout un monde en mouvement
Où le pouce et l'auriculaire
Donnent les pôles de l'aimant.

Les météores de la tête
Comme les tempêtes du cœur,
Tout s'y répète et s'y reflète
Par un don logique et vainqueur.

Ce ne sont pas non plus les palmes
D'un rural ou d'un faubourien ;
Encor leurs grandes lignes calmes
Disent : « Travail qui ne doit rien. »

Elles sont maigres, longues, grises,
Phalange large, ongle carré.
Tels en ont aux vitraux d'églises
Les saints sous le rinceau doré,

Ou tels quelques vieux militaires
Déshabitués des combats
Se rappellent leurs longues guerres
Qu'ils narrent entre haut et bas.

Ce soir elles ont, ces mains sèches,
Sous leurs rares poils hérissés,
Des airs spécialement rêches,
Comme en proie à d'âpres pensers.

Le noir souci qui les agace,
Leur quasi-songe aigre les font
Faire une sinistre grimace
A leur façon, mains qu'elles sont.

J'ai peur à les voir sur la table
Préméditer là, sous mes yeux,
Quelque chose de redoutable,
D'inflexible et de furieux.

La main droite est bien à ma droite,
L'autre à ma gauche, je suis seul.
Les linges dans la chambre étroite
Prennent des aspects de linceul.

Dehors le vent hurle sans trêve,
Le soir descend insidieux...
Ah! si ce sont des mains de rêve,
Tant mieux, — ou tant pis, — ou tant mieux.

LES MORTS QUE...

Les morts que l'on fait saigner dans leur tombe
Se vengent toujours.
Ils ont leur manière, et plaignez qui tombe
Sous leurs grands coups sourds.
Mieux vaut n'avoir jamais connu la vie,
Mieux vaut la mort lente d'autres suivie,
Tant le temps est long, tant les coups sont lourds.

Les vivants qu'on fait pleurer comme on saigne
Se vengent parfois.
Ceux-là qu'ils ont pris, qu'un chacun les plaigne
Pris entre leurs doigts.
Mieux vaut un ours et les jeux de sa patte,
Mieux vaut cent fois le chanvre et sa cravate,
Mieux vaut l'édredon d'Othello cent fois.

O toi, persécuteur, crains le vampire
Et crains l'étrangleur :
Leur jour de colère apparaîtra pire
Que toute douleur.
Tiens ton âme prête à ce jour ultime
Qui surprendra l'assassin comme un crime
Et fondra sur le vol comme un voleur.

PIERROT GAMIN

Ce n'est pas Pierrot en herbe
Non plus que Pierrot en gerbe,
C'est Pierrot, Pierrot, Pierrot.
Pierrot gamin, Pierrot gosse,
Le cerneau hors de la cosse,
C'est Pierrot, Pierrot, Pierrot!

Bien qu'un rien plus haut qu'un mètre,
Le mignon drôle sait mettre
Dans ses yeux l'éclair d'acier
Qui sied au subtil génie
De sa malice infinie
De poète grimacier.

Lèvres rouge-de-blessure
Où sommeille la luxure,
Face pâle aux rictus fins,
Longue, très accentuée,
Qu'on dirait habituée
A contempler toutes fins,

Corps fluet et non pas maigre,
Voix de fille et non pas aigre,
Corps d'éphèbe en tout petit,
Voix de tête, corps en fête,
Créature toujours prête
A soûler chaque appétit.

Va, frère, va, camarade,
Fais le diable, bats l'estrade
Dans ton rêve et sur Paris
Et par le monde, et sois l'âme
Vile, haute, noble, infâme
De nos innocents esprits!

Grandis, car c'est la coutume,
Cube ta riche amertume,
Exagère ta gaîté,
Caricature, auréole,
La grimace et le symbole
De notre simplicité!

BALLADE DE LA MAUVAISE RÉPUTATION

Il eut des temps quelques argents
Et régala ses camarades
D'un sexe ou deux, intelligents
Ou charmants, ou bien les deux grades,
Si que dans les esprits malades
Sa bonne réputation
Subit que de dégringolades!
Lucullus ? Non. Trimalcion.

Sous ses lambris, c'étaient des chants
Et des paroles point trop fades.
Éros et Bacchos indulgents
Présidaient à ces sérénades

Qu'accompagnaient des embrassades.
Puis chœurs et conversation
Cessaient pour des fins peu maussades.
Lucullus ? Non. Trimalcion.

L'aube pointait et ces méchants
La saluaient par cent aubades
Qui réveillaient au loin les gens
De bien, et par mille rasades.
Cependant de vagues brigades
— Zèle ou dénonciation —
Verbalisaient chez des alcades.
Lucullus ? Non. Trimalcion.

ENVOI

Prince, ô très haut marquis de Sade,
Un souris pour votre scion
Fier derrière sa palissade.
Lucullus ? Non. Trimalcion.

CAPRICE

O poète, faux pauvre et faux riche, homme vrai,
Jusqu'en l'extérieur riche et pauvre pas vrai,
(Dès lors, comment veux-tu qu'on soit sûr de ton
[cœur ?)
Tour à tour souple drôle et monsieur somptueux,
Du vert clair plein d' « espère » au noir componctueux,
Ton habit a toujours quelque détail blagueur.

Un bouton manque. Un fil dépasse. D'où venue
Cette tache, — ah çà, malvenue ou bienvenue ? —
Qui rit et pleure sur le cheviot et la toile ?
Nœud noué bien et mal, soulier luisant et terne.
Bref, un type à se pendre à la Vieille Lanterne
Comme à marcher, gai proverbe, à la belle étoile.
Gueux, mais pas comme ça, l'homme vrai, le seul vrai,
Poète, va, si ton langage n'est pas vrai,
Toi l'es, et ton langage, alors ! Tant pis pour ceux
Qui n'auront pas aimé, fous comme autant de tois,

La lune pour chauffer les sans femmes ni toits,
La mort, ah, pour bercer les cœurs malchanceux,

Pauvres cœurs mal tombés, trop bons et très fiers,
Car l'ironie éclate aux lèvres belles, certes, [certes!
De vos blessures, cœurs plus blessés qu'une cible,
Petits sacrés cœurs de Jésus plus lamentables!
Va, poète, le seul des hommes véritables,
Meurs sauvé, meurs de faim pourtant le moins possible.

DÉDICACES

(Un volume, Paris, Bibliothèque artistique et littéraire. Sous le patronage de la Revue : *La Plume*, 1889.)

A VILLIERS DE L'ISLE-ADAM

Tu nous fuis comme fuit le soleil sous la mer
Derrière un rideau lourd de pourpres léthargiques,
Las d'avoir splendi seul sur les ombres tragiques
De la terre sans verbe et de l'aveugle éther.

Tu pars, âme chrétienne on m'a dit résignée
Parce que tu savais que ton Dieu préparait
Une fête enfin claire à ton cœur sans secret,
Une amour toute flamme à ton amour ignée.

Nous restons pour encore un peu de temps ici,
Conservant ta mémoire en notre espoir transi,
Tels les mourants savourent l'huile du Saint-Chrême.

Villiers, sois envié comme il aurait fallu
Par tes frères impatients du jour suprême
Où saluer en toi la gloire d'un élu.

BONHEUR

I

Bon pauvre, ton vêtement est léger
Comme une brume,
Oui, mais aussi ton cœur, il est léger
Comme une plume,
Ton libre cœur qui n'a qu'à plaire à Dieu,
Ton cœur bien quitte
De toute dette humaine ; — en quelque lieu
Que l'homme habite,
Ta part de plaisir et d'aise paraît
Peu suffisante.
Ta conscience en revanche apparaît
Satisfaisante,
Ta conscience que, précisément,
Tes malheurs mêmes
Ont dégagée, en ce juste moment,
Des soins suprêmes.

Ton boire et ton manger sont, je le crains,
Tristes et mornes ;
Seulement, ton corps faible a, dans ses reins,
Sans fin ni bornes,
Des forces d'abstinence et de refus
Très glorieuses,
Et des ailes vers les cieux entrevus
Impérieuses.

II

L'amour de la Patrie est le premier amour
Et le dernier amour après l'amour de Dieu,
C'est un feu qui s'allume alors que luit le jour
Où notre regard luit comme un céleste feu,

C'est le jour baptismal aux paupières divines
De l'enfant, la rumeur de l'aurore aux oreilles
Frais écloses, c'est l'air emplissant les poitrines
En fleur, l'air printanier rempli d'odeurs vermeilles!

L'enfant grandit, il sent la terre sous ses pas
Qui le porte, le berce, et, bonne, le nourrit,
Et douce, désaltère encore ses repas
D'une liqueur, délice et gloire de l'esprit.

Puis l'enfant se fait homme ou devient jeune fille
Et cependant que croît sa chair pleine de grâce,
Son âme se répand par delà la famille
Et cherche une âme sœur, une chair qu'il enlace;

Et quand il a trouvé cette âme et cette chair,
Il naît d'autres enfants encore, fleurs de fleurs
Qui germeront aussi le jardin jeune et cher
Des générations d'ici, non pas d'ailleurs.

L'homme et la femme ayant l'un et l'autre leur tâche,
S'en vont chacun un peu de son côté. La femme,
Gardienne du foyer tout le jour sans relâche,
La nuit garde l'honneur comme une chaste flamme;

L'homme vaque aux durs soins du dehors : les travaux,
La parole à porter, — sûr de ce qu'elle vaut, —
Sévère et probe et douce, et rude aux discours faux,
Et la nuit le ramène entre les bras qu'il faut.

Tous deux, si pacifique est leur course terrestre,
Mourront bénis de fils et vieux dans la patrie;
Mais que le noir démon, la Guerre, essore l'œstre,
Que l'air natal s'empourpre aux reflets de tuerie,

Que l'étranger mette son pied sur le vieux sol
Nourricier, — imitant les peuples de tous bords,
Saragosse, Moscou, le Russe, l'Espagnol,
La France de Quatre-vingt-treize, l'homme alors,

Magnifié soudain, à son œuvre se hausse,
Et tragique, et classique, et très fort, et très calme,
Lutte pour sa maison ou combat pour sa fosse,
Meurt en pensant aux siens ou leur conquiert la palme.

S'il survit, il reprend le train de tous les jours,
Élève ses enfants dans la crainte du Dieu
Des ancêtres, et va refleurir ses amours
Aux flancs de l'épousée éprise du fier jeu.

L'âge mûr est celui des sévères pensées,
Des espoirs soucieux, des amitiés jalouses,
C'est l'heure aussi des justes haines amassées,
Et quand sur la place publique, habits et blouses,

Les citoyens discords dans d'honnêtes combats
(Et combien douloureux à leur fraternité!)
S'arrachent les devoirs et les droits, ô non pas
Pour le lucre, mais pour une stricte équité,

Il prend parti, pleurant de tuer, mais terrible
Et tuant sans merci comme en d'autres batailles,
Le sang autour de lui giclant comme d'un crible,
Une atroce fureur, pourtant sainte, aux entrailles.

Tué, son nom, célèbre ou non, reste honoré.
Proscrit ou non, il meurt heureux, dans tous les cas,
D'avoir voué sa vie et tout au Lieu Sacré
Qui le fit homme et tout, de joyeux petit gas.

Sa veuve et ses petits garderont sa mémoire,
La terre sera douce à cet enfant fidèle
Où le vent pur de la Patrie, en plis de gloire,
Frissonnera comme un drapeau tout fleurant d'Elle.

TABLE DES MATIÈRES

EAUX-FORTES

PAYSAGES TRISTES

CAPRICES

II

FÊTES GALANTES

III

LA BONNE CHANSON

IV

ROMANCES SANS PAROLES

ARIETTES OUBLIÉES

PAYSAGES BELGES

AQUARELLES

V

SAGESSE

I

II

III

VI

VII

JADIS ET NAGUÈRE

JADIS

NAGUÈRE

VIII

AMOUR

IX

PARALLÈLEMENT

X

DÉDICACES

XI

BONHEUR

Cet ouvrage a été reproduit
par procédé photomécanique
et réalisé par la
SOCIÉTÉ NOUVELLE FIRMIN-DIDOT
Mesnil-sur-l'Estrée
pour le compte des Éditions Grasset
en février 1992

et relié par la S.I.R.C.
à Marigny-le-Châtel

Imprimé en France
Dépôt légal : février 1992
N° d'impression : 20059